200年先の星読み

STAR INNOVATION

スターイノベーション

「風の時代」で突き抜けるために、「水の時代」を先に生きる。

やなかえつこ
Etsuko Yanaka

サンマーク出版

はじめに　「幸せの鍵は、200年後に始まる水の時代の力」

「風をつかみたい」と思ったことはありませんか？

もしくは子どもの頃、ビニール袋で風をつかまえようとしたことは？

そんなことを言っておきながら、もちろんこれまで風をつかまえられたことは一度もありません。ただ……、

実は時代の「風」をつかむ方法を発見してしまいました！

それを伝えたくて、今、急いでこの原稿を書いています。

なぜ急いでいるのかと言えば、この方法を知るのが早ければ早いほど、より簡単に頭1つ抜けた人生を手に入れることができるからです。

もしかすると、星占いが好きな方やスピリチュアルに興味がある方は「時代の風」という言葉にピンと来たかもしれません。

そうです。西洋占星術の世界では、２０２０年12月に大きな星の動きがありました。

「地の時代」が終わり、この先２００年続く「風の時代」のスタートです。

２０２０年12月前後には、インターネットやＳＮＳ、ブログ、YouTubeなどのメディアでもたくさん「風の時代」が語られるようになりました。その勢いは凄まじいものがあり、「風の時代まつり開催！」と言ってもいいほど、盛り上がっています。

ある日、ちょっと休憩しようかなと立ち寄ったカフェで男性の会社員の方が「風の時代」について話題にしていたのを耳にした時は、「なんと……星占いは、ここまできたのか……」と喜びと驚きが入り交じった気持ちになりました。

２０２１年も半ばを過ぎた現在。「風の時代」は一般社会にまで浸透したようにも思えます。

それでは、そもそも「風の時代」とは、どんな時代を表すのでしょうか。

「風の時代」は簡単に言うと、西洋占星術の4つのエレメントである「火・地・風・水」の中で「風」が司る時代です。

昔から、時代は「火・地・風・水」の4つのエレメントによって約200年ごとに区切られ、火の時代→地の時代→風の時代→水の時代→そしてまた火の時代と繰り返し進んできました。

その上で、詳しくは後ほどご説明しますが、「風の時代」は、

「お金や物質よりも、情報や体験」、
「組織や会社よりも、個人」、
「縦の繋がりよりも、横の繋がり」、
「目に見えるものよりも、目に見えないもの」など、

風の時代の名前の通り、これまでよりも動きのあるもの・軽やかさがテーマとして語られることが多いと言えます。

さて、4つのエレメントと「風の時代」の大枠をご紹介したところで、ここから少

し未来の話をしましょう。

このまま地球が滅びず人類が存続していくならば、現在から約200年後の2219年には「水の時代」がやってくるということになります。

その時の人類は、現代の私たちが「地の時代」と「風の時代」の境目を経験したように、風の時代から水の時代への切り替えを経験していることでしょう。

……とはいえ、200年先の水の時代はあまりに遠い未来で簡単にその情景を思い浮かべることはできません。

しかしです。実は

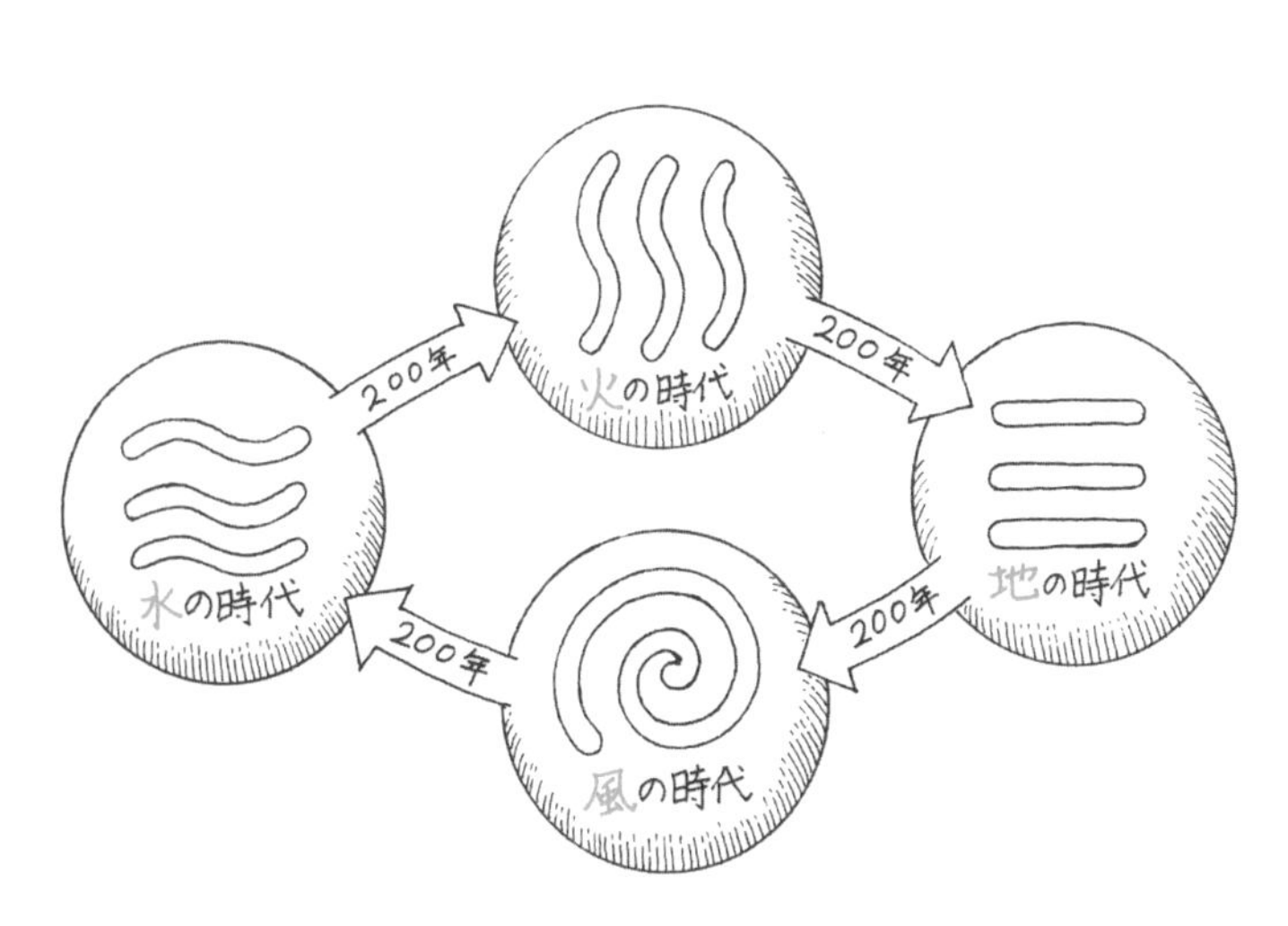

今いる時代の「次の時代」にこそ、今この時代を生き抜くヒントが隠されているのです。

いわゆる〝成功者〟として世間に認識される人たちは、今いる時代の流れにそのまま乗るようなことはしません。なぜでしょうか？

「風の時代に風の時代らしく生きる」……そんなふうに時代の流れにそのまま乗るだけでは、ライバルがあまりにも多くなるからです。

例えば、数年前、タピオカミルクティーが女性の間で大人気になりました。

「流行っているから、私もタピオカミルクティー屋を開こう！」と、そのまま時代の流れに乗ると、どんな未来が待っているでしょう？

もちろん、今まさに流行っているものであれば、多少の売れ行きは見込めるかもしれません。ただ、逆にライバルが多過ぎるため差別化もはかりにくく、さらに言えば、やがて流行りは必ず廃れる時がやってきます。

流行の中で成功を収めるのは、実は針穴に糸を通すように難しいことなのです。

つまり、何も考えず時代の流れに乗って進むと、目指す先や目的地までの手段・方法が周囲と同じになり、一気に人が集中し、目的地に至るまでの道は大混雑するということです。

どんな時代も、成功者たちは、次の時代を読みます。

これはもちろん、ビジネスパーソンに限ったことではありません。

突然ですが、お洒落な人ってどうして周りに「お洒落」だと思われるのでしょう?

……**お洒落な人の正体は、他の人との差別化ができている人です。**

大勢の人と違うから「お洒落」なのです。

みんなが同じようなものを着ている中で、ちょっと違う要素を取り入れ、自分の好きな格好をする。

そうすると人との差別化ができて、周りにお洒落な人と思われるわけです。

これらのことから言えるのは、風の時代の中、仕事で成功をつかんだり、人生においてスムーズに自分の道を進んでいったりするためには、他の人との差別化が必要になるということです。

この話について、さらに理解を深めていただくために、少しだけ時間を遡りましょう。「風の時代」の1つ前の時代である「地の時代」についてです。

地の時代は「物質的な時代」と言われていました。

「お金が正義」、「不動産が正義」といったような、「形のある、目に見えるもの」が大事にされる時代です。

つまり、「形がない、目に見えないもの」を大切にしようという風の時代とは真逆の感覚を持つ時代だったのです。

そんな中、地の時代に、分かりやすく成功を収めたのは誰と言えるでしょうか。

Appleのスティーブ・ジョブズ、
Microsoftのビル・ゲイツ、
Facebookのマーク・ザッカーバーグ、
さらに言えばネット界を賑わせるYouTuberなど、
「風の時代」を象徴するツールであるインターネットや情報を駆使した人たちや会社なのです！

ここまで来れば、彼らに共通する成功の鍵は、もう説明不要でしょう。

それは「地の時代」に「風の時代」のエッセンスをうまく取り入れたことです。

「地の時代」だから地の時代らしく生きるのではなく、次の時代である「風の時代」の要素をいち早く取り入れながら生きる。

そんな選択をしながら地の時代を歩んだ人が成功を収めているということです。

そうなると、「風の時代」が始まった今、

私たちが注目するべきなのは、約200年後にスタートする「水の時代」の生き方ということになります。

さて、ここからは少しだけ私自身についてお話しさせてください。

私は普段、西洋占星術や四柱推命を活用して、鑑定や占いを学びたい方への講座を行っています。

そしてこれは、そんな私自身が「風の時代」には次の時代である「水の時代」のエッセンスを混ぜることが必要なんだと気がつく、少し前のお話です。

「風の時代」に入ったばかりの2020年の年末から2021年初頭にかけてインターネットやSNSでは連日のように、

「風の時代は独立したほうがうまくいく！」、

「風の時代は個性的に生きる時代！」、

「風の時代は情報や人脈を大事にしよう！」、
という発信で溢れ返っていました。

なぜかそんな発信を見るたびに、心にもやもやが募っていきました。

「情報が多過ぎて処理しきれていないだけかも？」と最初は気にも留めていませんでした。ところがそれ以降、そのもやもやに対する答え合わせのような現象が起こり始めます。

クライアントの方々から、

「会社勤めは風の時代には合っていないのでしょうか？」、

「仲間とかコミュニティとかが苦手ですが、入ったほうがいいですよね？」、

「個性、個性と言うけど個性がない私は存在価値がないのでしょうか？」、
など、**「風の時代」に対してプレッシャーを感じている声が多く届いたのです！**

東洋の思想では、自分自身の本質を表すエレメントが運気で巡ってくる時には、追い風を感じたり、エネルギーが強くなる感覚を得られたりすると言われます。

ところが、「風の時代」に入ったことで、本来ならば追い風を感じたり、エネルギーがみなぎってきたりするはずの人たちまでもが、もやもやを抱えていました。

それどころか、「風の時代」という言葉によって囚われの身になってしまったような人まで現れました。

それはまるで、「風の時代疲れ」を起こしているようにも見えたのです。

このようにたくさんのお悩みや相談を耳にするにつれ、

「このもやもやは、私だけじゃない！」、

「たくさんの人たちが新しい時代にプレッシャーを感じている！」、

……そんな状況が見えてきました。

こうして、もやもやの正体を探る日々は始まりました。

「風の時代」について、客観的な意見を取り入れたり、自分はどう感じているかという主観を行ったり来たりしながら、原因究明に取り掛かったところ、見えてくるものがありました。

それは、風の時代(風のエレメント)に対する誤解です。

皆さんは、「風」と聞いて、どんなことを連想しますか?

生活用品であるドライヤーは水分を取り除く役割があります。

そして、扇風機を使えば涼しさを得ることができます。

そんなことから、風と言えば「爽やかさ(ドライ)」や「涼しさ(クール)」を連想する人が多いかもしれません。そのせいで多くの方が、「風の時代」に対しても、ドライでクールな時代というイメージを持ってしまいます。

しかし、占星術で言うエレメントの「風」の性質は、むしろその真逆なのです。

これこそが、「風の時代」に対する誤解を生む原因です。


西洋占星術の風のエレメントは、原典では「空気(air)」でした。空気は水分を含むものであり、季節によって湿度は異なりますが、常に湿っています。

そう。西洋占星術の「風」は水を含んでいるエレメントなのです。

それなのに、「風の時代」に関する発信のほとんどは「ドライでクールな時代」と捉えていて、潤いである「水の要素」が抜けてしまっています。

では、誤解された風の時代で私たちは、具体的にどうすればいいのでしょう。
その答えこそが、水の時代の力を借りるということです。

水の時代をうまく取り入れ、使いこなし、水を制する。

このように、「風の時代」に含まれた水の要素を、200年後に巡ってくる「水の時代の力」によってうまく引き出し、新しく始まったこの時代をスッと走り抜ける。

その方法を説いたのが本書であり、星の力で人生にイノベーションを起こすことから、「スターイノベーション」と名付けました。

風と水は補い合うことで、とても大きな力を発揮します。
そんな2つの力をハイブリッドに使いこなし、1人でも多くの方が「風の時代」とともに潤いのある輝かしい人生を歩まれることをお祈りしております。

この本でお伝えしたいことは大きく分けて2つあります。

1つ目は、本当の意味での「風の時代」について。

始まったばかりの風の時代ですが、ご紹介したように、多くの方が「風の時代疲れ」を起こしています。それは、本当の意味での「風」が誤解されてしまっているからだとご紹介しました。

そこで、占星術の定義から読み解ける「本当の意味での風の時代」について、歴史的背景を絡めながらお話しします。

2つ目は、「風の時代」にスッと乗る（つかまえる）ための鍵となる「水の時代」の力

の正体と、その取り入れ方について。

難しい話を抜きにしてイメージをお伝えすると、あなたの中に吹く風の通り道に水を流します。

水と風を掛け合わせると何ができるか。

それは川です。

風はいつか消えてしまいますが、川は消えずに残ります。また、水も水だけでは一箇所に溜まりいつしか淀んでしまいます。

そこで、風と水を掛け合わせる。それが重要なのです。

歴史を振り返ってみても、文明はいつも川の近くで生まれました。

それは川が、大事なものを運ぶのに非常に便利で、水を汲んだり、洗濯をしたり、人々の生活に欠かせない存在だからです。

本書でお伝えする方法によって、ぜひあなたの人生に「豊かさ」を運ぶ川をお作りいただければと思います。

第0章

「水の時代」の力があなたの人生に必要な理由(ワケ)

第1章 歴史の答え合わせ。そして、時代は繰り返す

第2章 シン・風の時代

第3章 人生にスターイノベーションを起こす方法

第4章 エレメント別・スターイノベーション占い

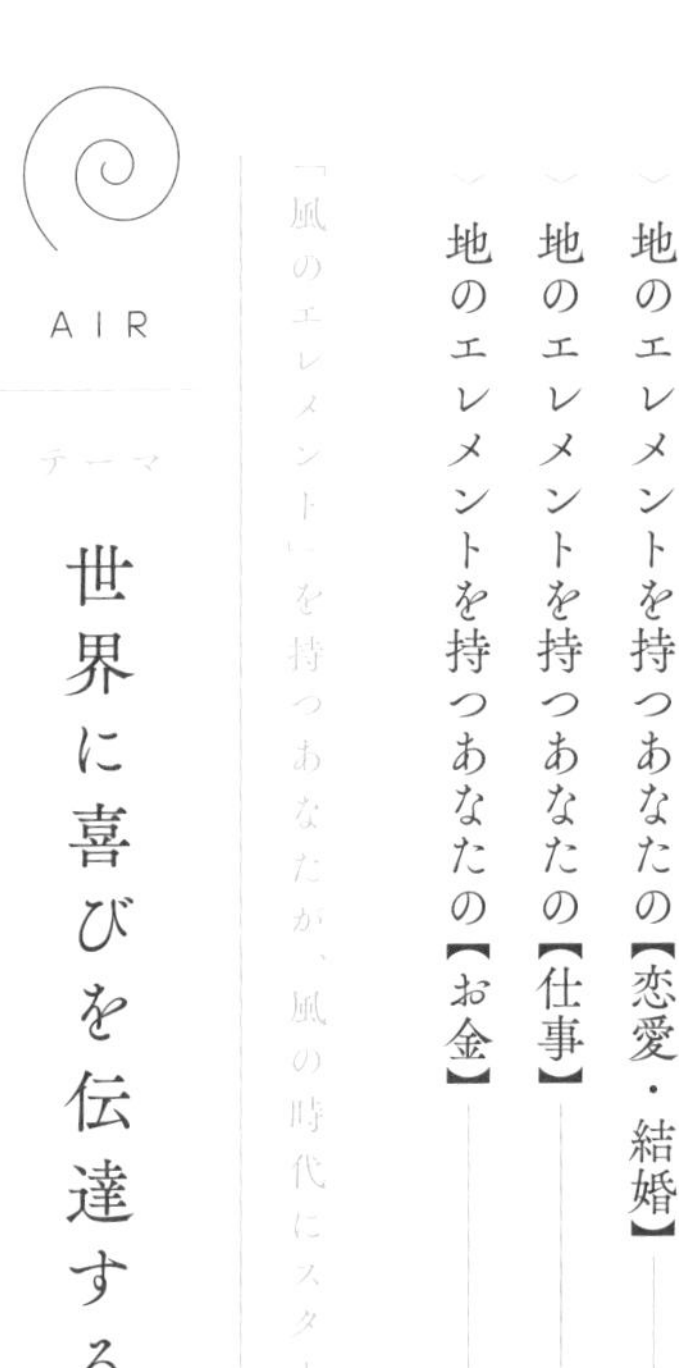
AIR
テーマ
世界に喜びを伝達する運河

「水のエレメント」を持つあなたが、風の時代にスターイノベーションを起こす方法

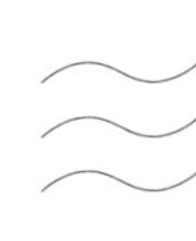

WATER

テーマ

全てを叶える聖なる川

第0章

「水の時代」の力が
あなたの人生に
必要な理由(ワケ)

占星術はなぜあなたの人生とリンクするのか？

占星術は、「発祥場所」によって大きく2つに分けることができます。12星座占いやマンデン占星術・ホラリー占星術などが含まれる「西洋占星術」と四柱推命や紫微斗数などが含まれる「東洋占星術」です。

私自身は、日々の占い鑑定に西洋占星術と四柱推命の両占術を用いています。どちらかをメインにして、サブとして異なる占術をいくつか扱うことは占い業界ではよくあること。

ですが、私のようにどちらもメインとして扱うスタイルは珍しいと言われます。

そのような占いスタイルだからこそ見えてくるものがあります。

今回の本で提案する「水の力」の重要性。

ここに気づけたのも、常日頃から西洋と東洋の占星術の両面から世の中を見ており、どちらかの思想に偏ることなく、客観性を持っていたからでしょう。

それでは話は変わって、なぜ「占星術は当たる」と言いきれるのでしょうか。もっと言えば、なぜ「星の配置」によって、人生の意味が読み解けるのでしょうか。

占星術は元々星の配置から天の意思を知ろうとしたものでした。
古代エジプト人は、星空を観察し、「おおいぬ座のシリウス」が夏至の頃、日の出直前に見える時期に「ナイル川が増水し、洪水が起こる」という法則を発見していました。

また、「惑星」と「人間の寿命」にも深い関係があることをご存じでしょうか。

これは天王星、海王星など土星以遠の惑星が発見されていなかった時代のお話です。
その頃、人間の平均寿命は土星の公転周期である約30年に近い30～40歳でした。

しかし、1781年に土星よりも遠いところにある天王星が発見されてからは、人間の平均寿命も次第に長くなっていきました。

ちなみに現在、人間の平均寿命は天王星の公転周期約84年とほぼ同じぐらいになっています。

こんなふうに、星は地球や人間になんらかの影響を与え続けています。
そして、長い年月をかけてそれらの法則をまとめ上げたのが占星術なのです。

突然ですが、宇宙の一部である私たち人間も、この人生において果たすべき役割を持っています。
その役割とは、自分も周りも幸せにすること。
そして、社会の役に立ち、自分を成長させていくことです。
それが私たち1人ひとりが生きる意味なのです。

その果たすべき役割を全うするために、必要な資質が得られるベストなタイミング＝「星の配置日」を選んで、人間はこの世に降り立ちます。

だからこそ、その日、その時に生まれたことには意味があり、その日、その時の星の配置が、その人の人生とリンクしていることは必然だと言えます。

「火・地・風・水」4つのエレメントの性質

そもそも風の時代の「風」や地の時代の「地」とは、何のことでしょう。

これは、古代ギリシア・ローマ、イスラーム世界、18〜19世紀頃までのヨーロッパで支持されていた「この世界の全ての物質は火・地・風・水の四元素で構成されている」という概念から来ています。

また、西洋占星術の四元素（火・地・風・水）には状態を表すものとして「熱・冷・湿・乾」の4つの性質があります。

火のエレメントは（熱・乾）
地のエレメントは（冷・乾）
風のエレメントは（熱・湿）

水のエレメントは(冷・湿)

です。

さらにそれぞれ、

熱(ホット)　=外に行きたい

冷(コールド)=内にこもりたい

湿(モイスト)=繋がりたい

乾(ドライ)　=自立したい

という性質を表しています。

ここで現代に話を戻しましょう。

直近にあった2020年の時代の切り替えは、先ほどの性質から見ると、地の時代→風の時代でしたから、地(冷・乾)→風(熱・湿)への変化です。

この変化を見て、何か大変なことに気づかないでしょうか。

それは、「地の時代」と「風の時代」には、何1つ共通の性質がない、ということです。

地と風の時代の間には大きく深い溝があり、橋はかかっていません。

これはまるで、共通言語もない、昼夜逆転の国にいきなり連れて行かれたようなことだと言えます。

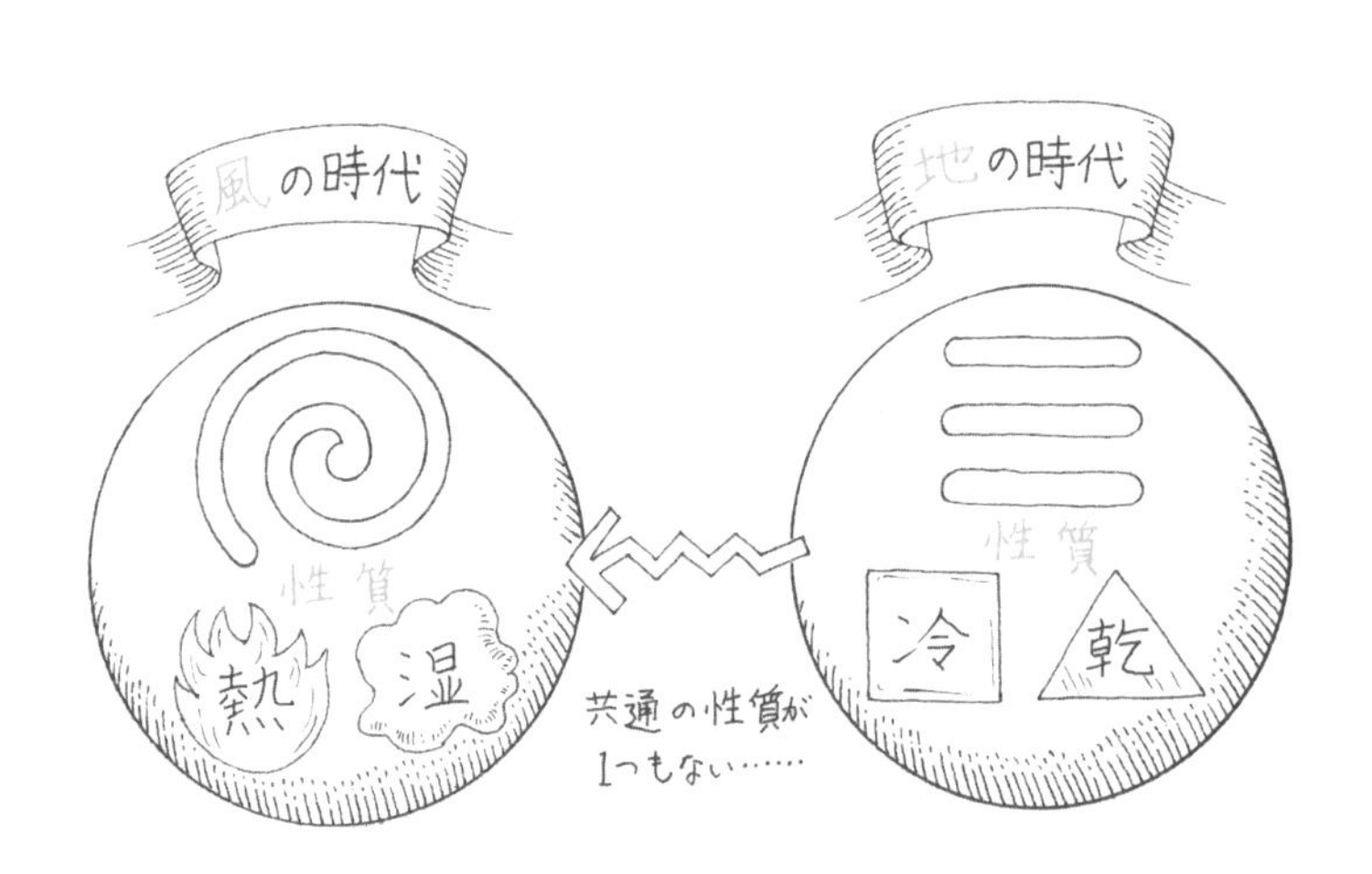

風の時代疲れが起きるのも無理はないのです。

ここから、この事実についてさらに詳しく見ていくために、もう少しだけエレメントの基礎知識をご紹介させていただきます。

4つのエレメントと12星座の関係性

私たちがよくテレビや雑誌の占いで目にする牡羊座や魚座などの12星座も、実は、この4つのエレメント（火・地・風・水）でチーム分けをすることができます。

詳しくは次の通りです。

火のエレメント…牡羊座・獅子座・射手座
地のエレメント…牡牛座・乙女座・山羊座
風のエレメント…双子座・天秤座・水瓶座

水のエレメント…蟹座・蠍座・魚座

この4チームは社会の中での役割や活躍の仕方も、それぞれ異なります。

火のエレメント…ひらめきから物事の始まりを作る
地のエレメント…物事をしっかり固め、形にする
風のエレメント…情報を伝達し拡散する
水のエレメント…気持ちに寄り添い、受け止める

さらに冒頭でも述べた通り、時代は大昔から、火の時代↓地の時代↓風の時代↓水の時代↓また火の時代……というリズムを刻んできました。

そして、1つの時代は約200~240年続き、次の時代へと切り替わります。

そのことから通常であれば、寿命が100年足らずの私たち人類はこのリズムを明確にキャッチすることが難しいのです。

しかし、今この時代を生きている私たちは、「地の時代↓風の時代」の切り替えを経験し、感覚としてキャッチしています。

それがどんな意味を持つのか。

運気の大きな切り替えの前後は様々なことが起きやすく、私たちは今まさに時代の大きな切り替えに直面しています。

これは、うまく流れに乗ることができれば、人生に大変革を起こしやすい非常に幸運な時代を生きる世代と言えるのです。


ちなみに、「風の時代」には、風のエレメントの星座である双子座・天秤座・水瓶座しか活躍できないの？　という声をよく耳にします。

結論から言うと、全くそんなことはありません。

風をどんなふうに使いこなせばいいか、その要素が変わるだけです。

例えば、火のエレメントに分類される方であれば、風のエレメントが表す「拡散」の力を使って、火のエレメントの人が持つ「独自性・情熱・創造性」をさらに広く伝えていくといった具合です。

つまり、4つのエレメントには、いつの時代でもその中で果たすべき役割があるので安心してくださいね。

時代はいつも発展し、定着し、拡散され、破壊と創造が起こる

では実際に、原始の時代から繰り返してきた火・地・風・水の大きな流れには、それぞれどんな役割があるのかを見ていきましょう。

前のサイクルで生まれた「小さなきっかけ」が、

「火の時代」で、炎が燃え上がるように「発展」し、

「地の時代」で、大地に根を張り、安定して「定着」します。

「風の時代」で、綿毛が舞うように強風に煽られ一気に「拡散」され、

「水の時代」で、降り注ぐ雨により動きを止められ、全てが「破壊」され混ざり合い、新たな流れや次の火の時代に発展する何かの種子が「創造」されます。

地球は大昔からこのリズムを繰り返してきました。

この火・地・風・水のサイクルの特徴を、地球が歩んできたストーリーに当てはめると次のようなイメージになります。

【サイクル1】

火：宇宙の片隅で星が大爆発を起こす**（発展）**

地：熱い溶岩が固まって、地面を形成する**（定着）**

風：溶岩から放出されたガスが蒸発して雲になる**（拡散）**

水：雨で地表が冷え、水が集まり海ができる**（破壊と創造）**

【サイクル2】

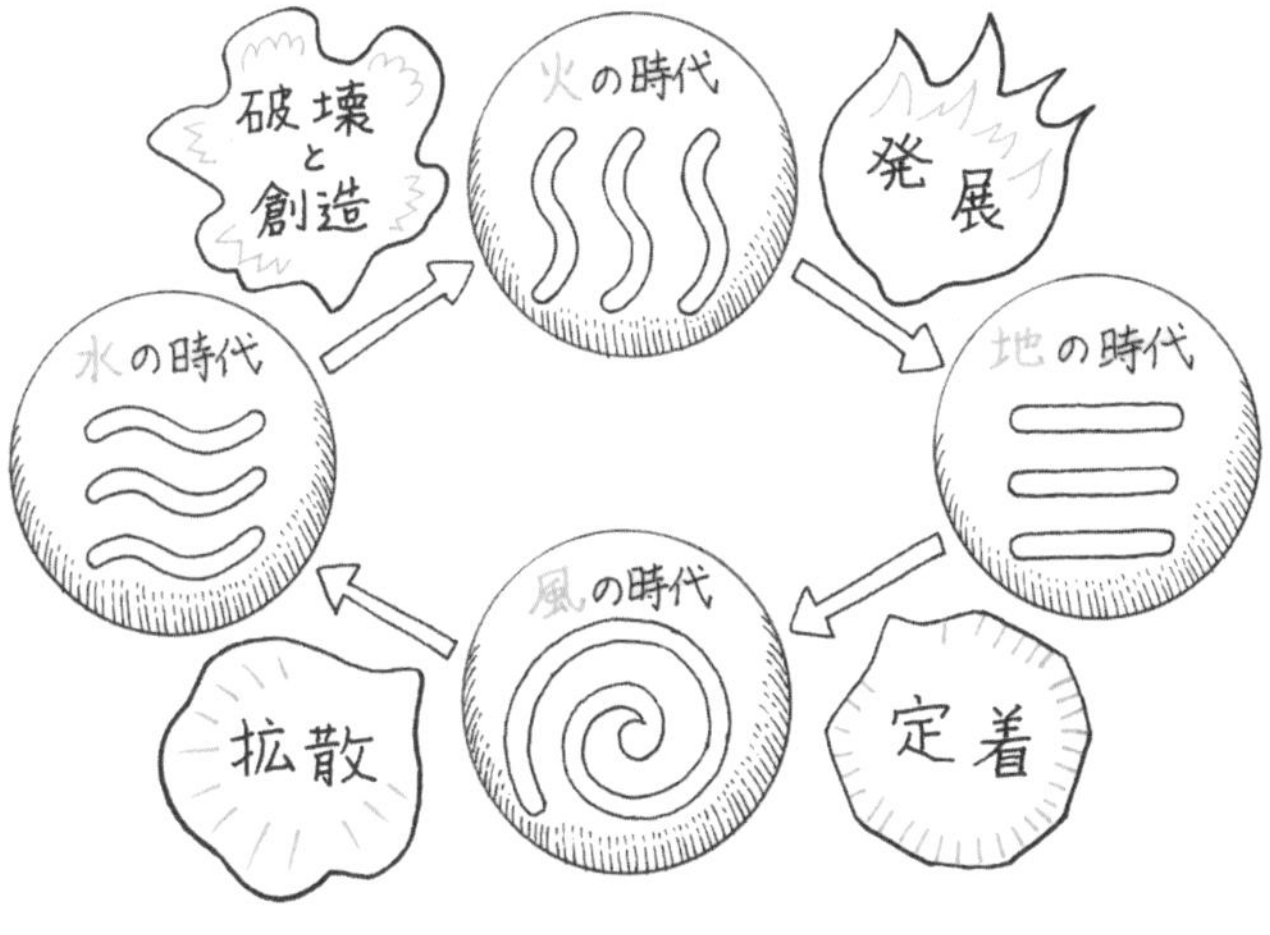

火：生命が誕生する**（発展）**
地：肉体が完成し、生活の基盤ができる**（定着）**
風：生命が広範囲に広がっていく**（拡散）**
水：愛憎が生まれる**（破壊と創造）**

【サイクル3】
火：戦いが始まる**（発展）**
地：土地や食料を所有、確保する**（定着）**
風：部族や村が誕生。みんなで食料を分ける方法が大衆に広まる**（拡散）**
水：大衆の中から信仰が生まれる**（破壊と創造）**

【サイクル4】
火：精神性が高まり、信仰の違いによる戦いが起こる**（発展）**
地：石油などの資源による豊かさの享受がなされる**（定着）**
風：豊かさを再現可能にする技術革新や平等の精神が広がる**（拡散）**

水：「信頼」「繋がり」「融合」「境界線が溶ける」「共感」「混じり合う」「こだわりが解ける」「浄化」の時代がやってくる**（破壊と創造）**

どうでしょう。火・地・風・水という４つのエレメントの役割を、なんとなくつかんでいただけたと思います。

なお、このストーリーの中で私たちは現在、【サイクル４】の「風」のパートに入ったあたりに差し掛かっています。

火・地・風・水の時代の切り替えは舞台の照明フィルム

時代の切り替えによって、時代の雰囲気が変わる。

これをもう少しイメージしやすくご説明したいと思います。

皆さんは、舞台の照明に色をつけるフィルム（カラーフィルター）を見たことがあるでしょうか。

いろいろなカラーフィルムが回転できるようになっていて、それをライトの前にかざして照明の色を変える装置です。

私は小学校や中学校の体育館の舞台袖で見た記憶が、頭の片隅にあります。

火・地・風・水の時代の切り替えは、あのフィルムに似ています。

それぞれのフィルムによってライトの色が変わるように、火・地・風・水のエレメントによって、それぞれの時代の価値観や時代の流れは変わっていきます。

そして、そのフィルムは約200年ごとに切り替わっているのです。

姿も変わってくるのは当たり前の話ですよね。フィルムによって映し出される光は色が変わるので、その中であなたが一番輝ける

赤いフィルムで映し出された時代で、赤い服を着て舞台に立っても目立つことは叶いません。

赤いフィルムの時代には、青や緑色の服を着た人に注目が集まることでしょう。


今、時代は「風の時代」のフィルムで映し出されています。

風の時代のフィルムの中で、あなたはどんな色の洋服を着ますか？

「風の時代」の働き方、結婚観、家族、常識、お金

私たちがこれから実際に生きていく「風の時代」は、具体的にはどんな時代なのでしょう。

風のエレメントは、情報・コミュニケーション・知性・自由・執着しない・理論・客観性などの意味を持ちます。

また風の星座である、

①「双子座」は、陽気・知的好奇心・軽快・楽観、

②「天秤座」は、社交・バランス感覚・聡明・調和、

③「水瓶座」は、個性・革新・独創・友愛、

などのキーワードをそれぞれ持っています。

これらのキーワードから「風の時代」はこんなふうになると予想できます。

働き方……起業・独立・フリーランス・個人で看板を背負う人の増加

結婚観……事実婚の増加・「結婚しない」という選択肢・別居婚・同性婚

家　族……同居しない・家やマイカーを持たない

常　識……所有から共有へ

お金の使い方……循環させる・投資する

地の時代のスタイルが少しずつ減っていき、風の時代が進むにつれ、こういった形

に変化していくでしょう。

ただ、これはあくまでも一般論。

私の考える「風の時代」の捉え方は少し違います。

そのことについて、次のトピックスでお話しして、この章を締めたいと思います。

私が考える、本当の「風の時代」の生き方

私が考える本当の「風の時代」は、先ほどの「風の時代の生き方」にプラスして、

働き方……個性を活かしつつも信頼できるメンバーと共にチーム戦で進める・専門性を持つ人同士が協力して動く・才能の共有化（才能を委ねる）

結婚観……一緒にいても離れていてもどちらでも安心感や精神的な繋がりを感じられる

家　族……同居でも別居でもどちらでもいいが、困った時には助け合える、もしくは、助け合える安心感を持っている
常　識……所有から〝世界の一部となる感覚を持ちつつ〟共有する
お金の使い方……循環させる意識を持って使っている・信頼できる人への投資

となります。

働き方、結婚観、家族、常識、お金の使い方……。
全てに「安心感」や「信頼感」、「見えないところでの繋がり」、「一体感」などがプラスされていることに気がつくと思います。

これらは全て水のエレメントの象徴となるものです。

つまり何が言いたいかというと、これらを風の時代の生き方にプラスしていくこと

がここまでずっとお伝えしてきた、「風の力に水の力を加える方法」なのです。

この章の冒頭で、地の時代から風の時代への移行は、共通言語もなく昼夜逆転の国にいきなり連れて行かれたようなものだとお伝えしましたよね。

ここで、各エレメントの性質をおさらいすると、

火のエレメントは(熱・乾)、
地のエレメントは(冷・乾)、
風のエレメントは(熱・湿)、
水のエレメントは(冷・湿)、
です。

そこで地のエレメントの性質である「冷・乾」から、風のエレメントの性質である「熱・湿」と共通点を全く持たない時代へ滑らかに移行するには……、

2つのエレメントの性質を1つずつ持つ、水のエレメント(冷・湿)を使うことなの

です！　地から風へ、なんの脈絡もない2つのエレメントの橋渡しをするのが水のエレメントの力だということです。

さらに「はじめに」では、自分らしく風の時代を生き抜き成功するためには、「風の時代に、風の時代らしく生きていてはトップを走ることはできない」ともお伝えしました。

風の時代にあえて、水の時代のエッセンスを取り入れましょう！　とご提案するのはつまり、こういう理由からなのです。

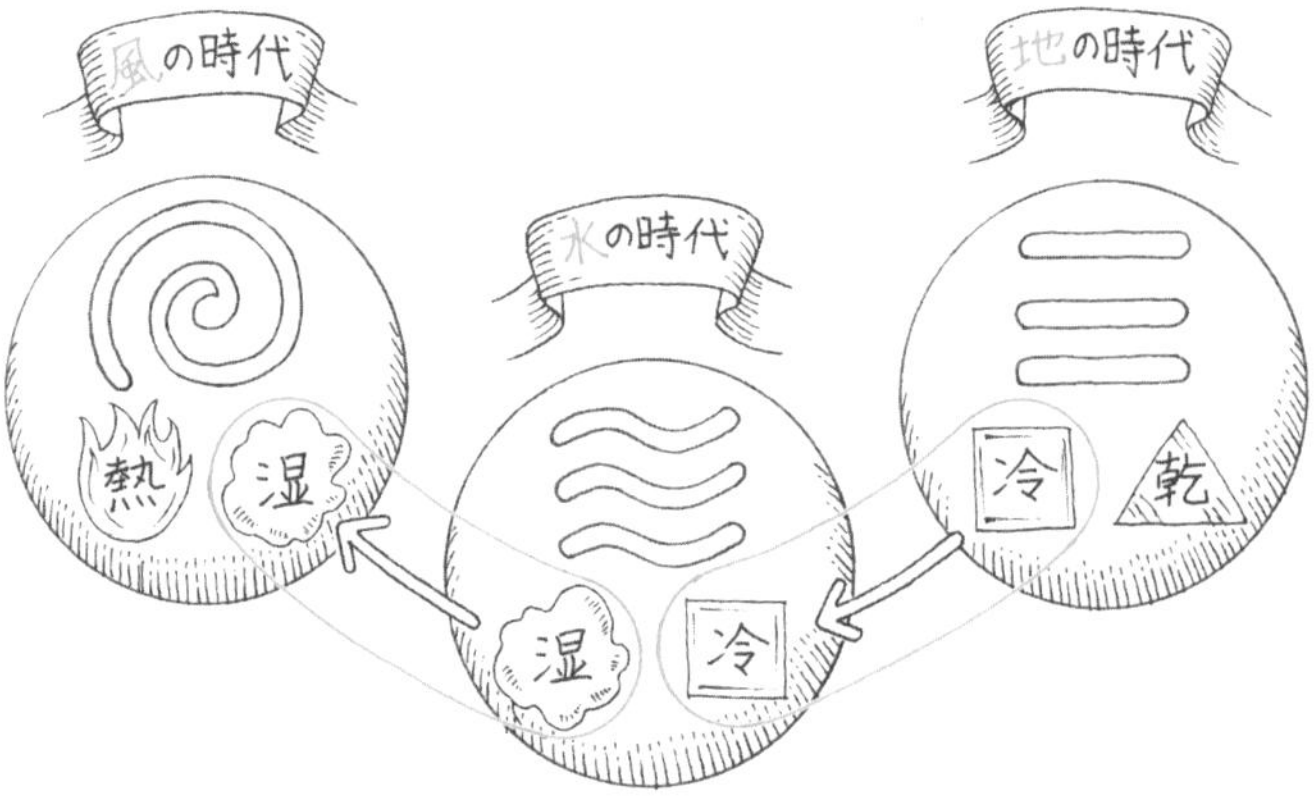

第1章

歴史の答え合わせ。そして、時代は繰り返す

時代はエレメント通りに繰り返される

第0章では、「4つのエレメント（火・地・風・水）」とそれに付随する時代の特徴についてお伝えしました。

ここからは、もう少し具体的に歴史的な出来事をなぞりながら、人類の歩みの中で起きたことと、4つの時代の関係性を詳しくお話ししたいと思います。

ポイントは火の時代が「発展」、地の時代が「定着」、風の時代が「拡散」、水の時代が「破壊と創造」でしたよね。

ぜひこのことを頭に入れながら、この章を読み進めていただければと思います。

なお、もしすでに占星術の力を信用できていたり、細かい話は抜きにして手っ取り早く「水の時代の取り入れ方を教えてよ！」と思ったりする方は、この章を読み飛ばしていただいても大丈夫です！

それではまず、火・地・風・水の時代と2つの大きな宗教であるキリスト教、仏教の関係性から見ていきましょう。

驚くほど、4つのエレメント通りの動きをしているので、時代の力のすごさを実感していただけるかと思います。

それではまずはキリスト教についてです。

(1)西暦30年・火の時代とキリスト教「イエス・キリストの処刑」

火の時代は何かが炎のように燃え上がり「発展」する時代です。

火の時代にキリスト教に起きた象徴的な事件は、なんと言っても西暦30年に起きたイエスの処刑でしょう。

キリスト教は実はイエス・キリストが広めたものではなく、イエスの死後、弟子たちによって広く伝えられていったものです。

まさに「イエスの処刑」がキリスト教を発展させるきっかけとなっていますよね。

イエス・キリストの処刑後、火の時代の中でキリスト教は次第に信者を増やしていきました。

現代でも悪名高いローマ皇帝として知られるネロは、キリスト教の信仰が広がっていく勢いに、国の秩序を乱されるのではと危機感を抱きました。

こうして火の時代の西暦64年にローマで起きた大きな火事の原因をキリスト教徒による放火と断定し、キリスト教徒たちを逮捕し虐殺したのです。

しかし、火の時代に燃え上がったキリスト教の勢いは衰えず、キリスト教はその次の時代である地の時代（西暦253年）に定着するまで、発展を続けていきます。

（2）西暦313年・地の時代とキリスト教「キリスト教公認（ミラノ勅令）」

火の時代に発展したキリスト教は、地の時代に入り、庶民にも信仰が定着していきます。

キリスト教が人々に支持された理由として挙げられるのは、次の2つ。

病を患っている人や貧しい人へのキリスト教徒たちの献身的な行い。

そして、そういった人々の死に対して敬意を持って丁寧に葬い、死後の安寧を説いていたことなどがあったようです。

火の時代以降もキリスト教徒は迫害を受けつつも、墓地の地下に作った避難所兼礼拝所である〝カタコンベ〟などに身を隠し布教活動を続けていきました。

〝地下〟にある避難所や迫害を受けても変わらず信仰心を持ち続ける様子は、「決して諦めない我慢強さ」と「落ち着いた性質」を持つ地のエレメントの時代に非常にマッチしていると感じます。

そうした中、いよいよ西暦313年には、ローマ帝国のコンスタンティヌス帝が

「ミラノ勅令」を出し、キリスト教も国家公認の下、信仰できるようになりました。

こうしてキリスト教に対する弾圧も終わりを告げることになるのです。

地のエレメントには、「ステータス」や「権力」、「格式」という意味も含まれるため、文字通り国家という権力者からキリスト教が認められ、庶民にも信仰が定着した時代と言えるでしょう。

（3）西暦392年・風の時代とキリスト教「ローマ帝国でキリスト教が国教に」

地の時代と風の時代の切り替わり、両者が入り混じる時代の空気感の中で、キリスト教は西暦380年にいよいよ国教と定められます。

さらに風の時代が本格化する西暦392年には、より一層の追い風を受け、キリスト教以外の宗教が法的に禁止され、キリスト教は唯一の国教となりました。

その後もローマ皇帝とキリスト教の結びつきはますます強くなり、時代の風に運ばれるようにキリスト教は枝分かれしながら広い範囲へと届けられることになるのです。

そういった広がりの中でより細分化されていったキリスト教は、キリスト教の教義に関する宗教会議（公会議）などを行います。

風のエレメントは「コミュニケーション」、「議論」なども司るため、活発に宗教会議が行われたことにも納得感があります。

ただ、風の時代の終わりに近づく頃には、広範囲に広がったキリスト教内に地域的な信仰の違いが生じ、次第にどの信仰が正統であるかなどの対立が生じるようになっていきます。

（4）西暦610年・水の時代とキリスト教「イスラム教が成立」

水の時代は、「破壊と創造」が起こる時代。

風の時代に煽られ広がったものが降り注ぐ雨により動きを止め、さらに全てが混ざり合い、浄化され、その中に次の火の時代に発展する「新たな流れ」や「種子」が生まれる時代です。

キリスト教も時代の流れに沿うかのように、水の時代に入るかどうかの時より徐々に分裂と対立を繰り返すようになり、多くの混乱が生じていました。

そして、後にイスラム教を生み出すムハンマドは「風の時代」の最後の年に生まれ、イスラム教は混乱した水の時代に生まれています。

水の時代はイスラム教という新しく広がる宗教の種を生み出したのです。

＊

いかがでしたか。もちろんここまで書いたことは都合のいい部分を切り取っているわけでは決してありません。

やはり星の力とはすごいもので、キリスト教のように大きな力をもってしても時代の流れには抗えないのです。

それでは続いて、日本での宗教の広がりはどうでしょう。日本での仏教の流れを火・地・風・水の時代とともに見ていきましょう。

（1）6世紀後半～9世紀頃・水の時代と仏教「仏教と神道の融合」

仏教は紀元前4世紀頃、ブッダにより作られ、時代の風に乗るようにして西暦538年、風の時代の終わりに日本へと伝わったとされています。

そんな仏教が伝わったばかりの頃、日本には独自の宗教である「神道」があったので、仏教の布教は難しい状況でした。

しかしその後時代は、受容性という特徴を持つ「水の時代」へ移り変わります。

こうして液体のように異なるものを「混ぜ合わせ」、融合させるエネルギーの下、仏教を拠り所としていた推古天皇が西暦592年に即位。

神道と仏教の融合が本格化していきます。

もう少し時代は進んで、水の時代の終わり頃に、最澄・空海が遣唐使として唐へ渡ります。そして、西暦805年に最澄が「天台宗」を、西暦806年には、空海が「真言宗」を開いています。

水の時代に生じた、この神道と仏教が混ざり合った日本仏教は、次の火の時代以降大きな発展を見せることになります。

（2）9世紀後半～10世紀頃・火の時代と仏教「最澄と空海による、仏教の進化」

「水の時代」の終わりに生まれた日本仏教は、「火の時代」に種が芽吹くように発展していきます。

そもそも最澄の天台宗は、「全ての人が仏になることができる」という法華一乗の教えを説く宗派です。

身分に関係することなく、皆仏の世界へ導かれるとしています。

対する、空海の真言宗は、密教を基にし、人も含め世の中は全て大日如来（仏）であると考える宗派です。

これらの教えが、「火の時代」らしく炎が燃え上がるように理想を追い求める動きとして発展していくのです！

（3）11世紀後半～12世紀頃・地の時代と仏教「様々な宗派が登場し、安定へ」

「地の時代」で日本仏教は、大地に根を張るように安定し「定着」します。

具体的に言えば、この頃、日本では多くの種類の仏教が生まれ、「仏教が当たり前」の時代が到来しました。

同時期に生まれた日本仏教である、

①浄土宗・法然（源空）
②浄土真宗・親鸞
③時宗・一遍
④法華宗・日蓮
⑤臨済宗・栄西
⑥曹洞宗・道元

の6宗は、鎌倉時代に特に発展したので、まとめて「鎌倉仏教」と呼ばれるようになります。

こうして「地の時代」には多くの宗派ができ、日本仏教はしっかりと地に根を張るように安定して成長していったのです。

(4)12世紀終盤〜15世紀初期・風の時代と仏教「仏教が庶民の拠り所へ」

「風の時代」に入ると、タンポポの綿毛が風に吹かれ広範囲に広がるように、「地の時代」に定着したものが、さらに広い範囲に急激に広がります。

日本仏教も宗派が増えたとはいえ、「地の時代」ではまだまだ貴族や皇族など権力者たちだけが信仰していた宗教でした。しかし、「風の時代」では仏教が武家や庶民層まで広がって、信者が爆発的に増えていきました。

それは当時、戦乱や不作など社会不安の大きな時代で、仏教が庶民の拠り所となっていったためです。

鎌倉仏教は、「阿弥陀様のことを信じながら『南無阿弥陀仏』と念仏を唱えれば、全てのものが救われる」と考える浄土宗や、「座禅する行為そのものが悟りの姿」とする曹洞宗のように、これまでの難解な教養を必要としない仏教です。

今の時代で言う、そのカジュアルさが、国民の心をつかんだのでしょう。ぐんぐん拡散されていった点が、とても風の時代らしい流れです。

（5）15世紀〜16世紀頃・水の時代と仏教「新しい種・キリスト教の登場」

「水の時代」には戦国時代も本格化し、不安定な社会情勢が日本仏教にも影響を及ぼし始めます。

「唱えるだけで極楽に行ける」という教えも、戦国時代を生きる人の支えにならないほど時代が混乱し過ぎていたのです。

そんな中、西暦1549年にはフランシスコ＝ザビエルの来日によりキリスト教が日本に伝来。

こうして生まれた新しい種「キリスト教」は、皆さんの知る通り、次の時代である

「火の時代」に弾圧を受けながらも大きく発展していくことになります。

＊

さて、どれほどまでに星の力やエレメントの力が強大であるか、そのことをご理解いただけたであろうこのタイミングで、せっかくですから次は**「前回の風の時代は、どんなふうな時代だったのか」**について、見ていきましょう。

そうすることで、今、この時代をどう生きればいいか？　が見えてくるでしょう。

前回の「風の時代」は、おおよそ900年前、鎌倉時代まで遡ります。

》2021年は鎌倉時代とリンクしている！

鎌倉幕府は地の時代の最後に成立し、その大部分が風の時代にあたります。

ちょうど現在の私たちと境遇が同じなのです。

そんな鎌倉時代において、何が起こっていたか。まずは、北条泰時が制定した武士用法律といった「御成敗式目」の内容を見ていきましょう。

この「御成敗式目」には、武士同士や男女の権利が平等になるような内容も盛り込まれており、風の時代のフラットさを感じさせます。

しかも、インターネットのない時代であるにもかかわらず、全国に散らばる役人（守護・地頭）に迅速に伝達されたことも風の時代のなせる業。

また、鎌倉時代の主君と武士の関係は「御恩と奉公」と言われるものでした。

この「御恩と奉公」により、武士は主君から領地を与えられ権利を守られる代わりに、主君の恩に報いるため、「戦の時は協力する」という相互関係を形成します。

この頃の武士の主な収入源は自分に与えられたその土地から得られる年貢（税金）でしたので、御恩をいただくことは何よりも大事なことでした。

こうした御家人（武士の敬称）たちが将軍の下で土地を統治する仕組みを「封建制度」と言います。

しかし、鎌倉時代の「御恩と奉公」に表される両者の関係は解消されることもあり、武士の主君が変わることもあったようです。

江戸時代に入ってからの主君と武士の関係は「忠義」が重んじられるものであり、主君を変えることなど言語道断。

そう考えると、鎌倉時代の主君と武士の関係は合理的な印象もあり、現代の雇用関係、転職や個人事業主の取引先が変わるのと近似していますよね。

御恩があるから奉公するのであって、「無条件で主君のためなら命を捨てる！」ではない。そんなふうに、それぞれが自分の役割をしっかりと認識して補い、適度な距離感を持ちネットワークを組んでいる。

そういった価値観は、これから本格化する「風の時代」に通じるところがあるのではないでしょうか。

しかし、そのような封建制度を取り入れていた鎌倉時代もだんだんと力を失っていきます。

直接の原因ではありませんが、その原因の1つに「元寇」があります。

「元寇」とは、二度にわたる元（モンゴル帝国）の日本侵攻。そんな海の向こう側の強力な敵に対し、台風の影響もあって幕府はなんとか防衛に成功しました。

ところが、元寇を防ぐために戦った武士たちは、十分に土地を与えられなかったことで、鎌倉幕府への不満が爆発してしまったのです。

奉公したのに十分な御恩が与えられず借金に苦しむ武士。もちろんだんだんと、フラストレーションは溜まっていきます。

そこで幕府は西暦１２９７年、「徳政令」という借金帳消しのおふれを出します。ただし、それでも武士たちの不満を抑えきることはできませんでした。

それが朝廷の倒幕への動きと結びつき、この後、室町幕府を作る足利尊氏らの活躍によって鎌倉幕府は滅ぼされてしまいます。

風の時代に広がった、武士と主君による「封建制度」。

互いを補い合うシステムとして機能していたはずなのに、なぜ鎌倉幕府は１５０年ほどで滅亡してしまったのか。**そこに注目すると、現代の「風の時代」を失敗せずに進んでいけるヒントがあります。**

具体的に言えば、鎌倉時代における武士と主君は「御恩と奉公」のみで繋がっているという、ある種ドライな関係だということが分かります。

一方、水の時代である戦国時代を生き抜いた徳川家康が開いた江戸幕府。火の時代のスタートとともに始まった江戸時代においては、主君と武士の関係が鎌倉幕府のそれとは明らかに違います。

「二君に仕えず」という言葉に象徴される通り、徳川家康は武士に何よりも大切なのは忠義としているのです。

そのおかげもあってか、江戸時代は、謀反や内乱などがほとんどない平和な世が続いていきました。

要は、主君と武士の関係に「精神的な繋がり」をプラスする、水の時代的な価値観が、太平の世を支えていたことになります。

もしも、風の時代の鎌倉幕府が次の時代である水の時代の「精神的な繋がり」や「信頼・安心感」を主君と武士の間に取り入れていたら……、

もしかすると、今とは違う日本があったかもしれません。

現代の私たちも現在、鎌倉時代と同じ「風の時代」の最中におり、それぞれの才能を認識し、ネットワークを組みながら協力していく時代を生きています。

そんな風の時代をうまく生きていくためには、やはり水のエレメントが象徴する「精神的な安心感、信頼感」がポイントになります。

時代の先駆者たちは、次の時代のエッセンスをうまく取り入れる

ここまでお読みいただき、いかに時代のカラーはその時代を生きる人に大きく影響を与えるか、ということがお分かりいただけたかと思います。

続いては、本書の醍醐味でもある「次の時代のエッセンスを取り入れること」に焦点を当てて、見ていきましょう。

するとやはり、時代の先駆者たちは、次の時代のエッセンスをうまく味方につけながら、トップを走り続けたことが分かります。

「水の時代」のエッセンスを先取りした、チンギス・ハンや吉田兼好

まず、次の時代のエッセンスを先取りした歴史上の人物として、モンゴル帝国の初代皇帝チンギス・ハン（1162年5月31日‐1227年8月25日）が挙げられます。

チンギス・ハンの遠征は世界史上類を見ないほど大規模なもので、これほどまでの広大な領土がチンギス・ハン1人の手によって治められていたこと自体が驚くべきことです。

その偉業の裏には、「風の時代」において広がるエネルギーに加え、血縁関係や部族

にこだわらず受け入れる受容性や忠誠心などの「水の時代」の要素を取り入れていたことも大きかったのではないかと推測できます。

また、歌人・随筆家として知られる吉田兼好（1283年頃－1350年頃）。彼の代表的な随筆『徒然草』は、風の時代における戦乱が広がる世の中で、人々が胸の奥深くで感じ取っている感覚を言語化したものです。

この人々の深層心理を拾い上げている点が水の時代の先取りであり、作品の根底にある仏教的「無常観」も水のエッセンスを大いに感じる部分です。

「火の時代」のエッセンスを先取りした、カール大帝や足利義政

次に「水の時代」において「火の時代」のエッセンスを先取りした歴史上の人物として、フランク王にしてローマ皇帝であるカール大帝（742年－814年）が挙げられます。

カールがフランク王（在位：768年-814年）であった時代にフランク王国はヨーロッパにおける最大領土となっていました。

そして、その領土は現在のフランス、イタリア、ドイツのルーツになっています。

そんなカールはローマ皇帝の冠をローマ＝カトリック教会のトップである教皇から直々に授けられることになります。

このことがきっかけとなり、東西のヨーロッパはそれぞれ中心となる教会とローマ皇帝が異なる、2つのエリアに分かれることになりました。

火は「独立性・自立性」などを司るエレメント。

水の時代に、カールの戴冠によってヨーロッパに多様性が生まれ、火の時代のエッセンスの先取りとなったのは非常に興味深いことです。

一方、海を越えた日本ではどうでしょうか。

室町幕府第8代将軍・足利義政（1436年1月20日-1490年1月27日）が水の時代を生き、火の時代を先取りした人として挙げられるでしょう。

足利義政は、室町幕府将軍でありながら、京都に東山山荘を築き東山文化を発展させました。

東山文化を代表する建築物である銀閣寺は現代でも足利義政の精神が受け継がれ、多くの人に愛されています。

水の時代らしく武家・公家・禅僧などの文化が〝融合〟された中から、わびさびを重視した「東山文化」という独自性の強い文化を生んだことから、火の時代を先取りしていたことが感じられます。

「地の時代」のエッセンスを先取りした、菅原道真やベートーヴェン

「火の時代」に「地の時代」のエッセンスを先取りした人物としては、平安時代の貴族であり学者、漢詩人、政治家でもある菅原道真（845年8月1日－903年）が挙げられるでしょう。

今でも、「学問の神様」として知られている菅原道真公。

なんと5歳から和歌を嗜み、11歳で詩を詠むなど、幼い頃から頭脳がずば抜けていたようです。

大人になってからは政治家としても大活躍。そんな中、西暦894年（火の時代）に菅原道真が行った「遣唐使の廃止」に地の時代のエッセンスを感じます。

何度も言うように、火の時代は「発展」させるエネルギーの時代。

当時、日本より発展していた唐の文化を積極的に取り入れていた日本ですが、菅原道真が遣唐使を廃止し、ベクトルを内向きにしました。

こうしたことで日本独自の文化である「国風文化」が花開きます。

その結果、紫式部の『源氏物語』や清少納言の『枕草子』など現代にまで語り継がれる優れた作品が次々に生み出されたのです。

また、音楽家と言えば古典派音楽の集大成かつロマン派音楽の先駆けと評されるベートーヴェン（1770年12月16日－1827年3月26日）。彼も「火の時代」に「地の時代」のエッセンスを取り入れた人物の1人です。

ベートーヴェン以降の音楽家は大なり小なり彼の影響を受けているとさえ言われる偉大な音楽家。

そんなベートーヴェンから次の時代のエッセンスを感じられることと言えば、実はベートーヴェンこそが大衆に向けた作品を発表する音楽家の走りであったということ。

ベートーヴェンが活躍した時代の音楽家たちは、宮廷や有力貴族に仕え援助を受けながら作曲をしていました。

ですが、ベートーヴェンはそうしたパトロンとの関係を拒否し、大衆に向けた音楽を「作品」として発表したのです。

彼は間もなく「地の時代」がやってくるという「火の時代」に、一般に音楽を定着させていくというまさに次の時代的働きをしていたということになります。

「風の時代」のエッセンスを先取りしたスティーブ・ジョブズ、マーク・ザッカーバーグ

「目に見えるもの」を大切にする地の時代に、風の時代の象徴的ツールである「情報」や「インターネット」を取り入れた人物たちがいます。

Appleの創業者スティーブ・ジョブズ、それにMicrosoftの創業者ビル・ゲイツ、さらにFacebookの創業者マーク・ザッカーバーグです。

せっかくですから、彼らがいかに次の時代のエッセンスを取り入れ、頭1つ抜けた活躍をしてきたか、そのことについて詳しく見ていきましょう。

そうすることで、「時代の流れ」にただ乗るだけではなく、一歩先を走り、時には時代の流れに逆らったりすることで、他の人より頭1つ抜きん出て成功を収められることがより鮮明に見えてきます。

つまり、「風の時代に、風の時代の生き方

「取り入れる」だけでは、〝他者との差別化が難しい〟ということがますますご理解いただけるでしょう。

それではまずは、Appleの創業者スティーブ・ジョブズ氏（1955年2月24日－2011年10月5日）について。

彼は、MacやiPhoneなど多くの製品を世に送り出した人物。無駄を省いた美しいデザインと機能性を持つそれらの製品は、現在でも世界中の人を魅了し続けています。

スティーブ・ジョブズが生み出した魅力的な製品において、「地の時代」に「風」の要素を取り入れた例として最も分かりやすいのはiPodだと言えます。

iPodはiPhoneが生まれる前に開発された製品で、それまでは外出先で音楽を聴く時には、ヘッドホンステレオなど再生する機械と共にカセットやMD、CDを持ち歩いていました。

そんな中、Appleはカセット・MD・CDという物質的にしか持ち歩けなかった音楽をiPodにデータ（情報）として取り込み、持ち歩くスタイルを提案しました。

目に見える「物質」から、目に見えない「情報」へ。

地の時代において、風の時代を見事に先取りしています。

さらに、Appleは地の時代の終盤である2015年になると、月額制の音楽配信サービス「Apple Music」をスタートさせています。

「もう自宅であってもCDを所有する必要はないよ！」という風の時代のメッセージをはっきりと感じますよね。

また余談ですが、iPodは非常に「水」らしい製品とも言えます。

その水らしさは、iPodが機器の中にあらゆる音楽を読み込ませ、その中から聴きたい時に聴きたい音楽を取り出す設計にあります。

これはまるで、混沌とした音楽の海から、必要なものを取り出す世界観を感じませんか？　そう考えるとスティーブ・ジョブズは「地の時代」において、一歩どころか二歩先を歩んでいたのかもしれませんね。

続いてMicrosoftの共同創業者であり会長のビル・ゲイツ氏（1955年10月28日生まれ）。彼は、パソコンのOS「Windows」の開発者であり、言うまでもなく先駆者の代表的人物の1人です。

Windowsができる以前、コンピュータと言えば、専門知識を要するコマンドを打ち込んで使用する、一般人には到底扱えないツールでした。

しかし「Windows」が世に出たおかげで一般的な層もPCを気軽に使うことができるようになったのです。

特に1995年に発売されたWindows95は大人気となり、各家庭のPC普及率も1995年から2005年までの10年で急激に右肩上がりとなりました。

ビル・ゲイツは「最初から、我々の目標は〝すべての机と、すべての家庭にコンピュータを〟だった」と発言しており、地の時代において、風の象徴＝情報化社会をすでにキャッチしていたことが分かります。

Facebookの創業者でプログラマーのマーク・ザッカーバーグ氏（1984年5月14日生まれ）。

彼が世に送り出したSNSツールFacebookは現在、世界で28億人以上が利用していると言われています。

なお、Facebook自体が「人と人との繋がり」を生み出すものであり、それこそ風の時代のツールであると言えるでしょう。

「私たちの世代の挑戦は新しい仕事を作り出すことだけでなく、新しい目的意識を作り出すことだ」というスピーチを見ると、主語が「自分」ではなく「私たちの世代」。

そのことからも、個を飛び越え高い視点で物事に向き合う風的な要素を取り入れていることがうかがえます。

もちろん、地の時代において、風の時代の力を取り入れ先駆者となったのは、この3名だけではありません。

YouTuberの先駆け、ヒカキン氏（1989年4月21日生まれ）。

彼が運営する全チャンネルのフォロワー数は現在、1000万人を超えており、世代を超えて支持されています。

YouTubeが今ほど知られていない2008年頃から自身の動画のアップロードをスタート。地の時代にありながら風の時代のツールをいち早く取り入れて成功を収めた人物の1人です。

映画監督兼映画プロデューサーのスティーヴン・スピルバーグ氏（1946年12月18日生まれ）。

彼の代表作と言えば、『未知との遭遇』や『E．T．』など、the・風のエレメントと言える「宇宙」の要素がふんだんに取り入れられています。

音楽史の中で最も影響力のある音楽バンドと言われたビートルズのリーダー、ジョン・レノン氏（１９４０年10月9日－１９８０年12月8日）。

彼の掲げたビジョン「平和や理想」も風のエレメントが表すものです。

ジョン・レノンはそんなビジョンを風のように世界中に広く拡散していく役割を果たした人物であると考えられます。

他にも挙げきれない地の時代の先駆者たち。

いずれにしても、これらの人たちの共通点は、「地の時代だからこそ、地の時代っぽく生きる」のではなく、「地の時代だからこそ、次に巡る風の時代のエッセンスをうまく取り入れていた」ことです。

それにより地の時代に成功を収め、風の時代に入った今も自分らしく無理せずに活躍されていたり、残したものが長く受け継がれていたりするのでしょう。

なお人物以外でも地の時代の最後に大ヒットしたアニメ『鬼滅の刃』は、キャラクターそれぞれに強い個性があり、それぞれの性質を理解し役割を全うしながら進んでいく姿がまさに「風の時代」のエッセンスを取り入れたものです。

同じくアニメで、風の時代にスタートした『進撃の巨人 The Final Season』は、「仲間や家族への愛」がストーリー上の大きなポイントとなっています。

また、立場によって世界はがらりと姿を変えてしまうという善悪の境界線が曖昧な世界観を描いており、「水の時代」のエッセンスを感じ取れる部分が多々あります。

こうして見ると、改めて「成功の鍵は次の時代のエッセンスを取り入れること」に隠されていると言わざるを得ません。

風の時代は2020年に始まったばかりですが、次は「水の時代」が巡ってきます。そうです。今私たちが目を向けるべきもの、それが200年先に移行する「水の時代の生き方」のエッセンスに他ならないのです。

「風の時代」がいずれ迎える矛盾と限界

風の時代においていかに成功を収めるか、その方法をお伝えできたところで、続いて「風の時代」では具体的にどんなことが問題になるか？　そのことについて占星術的に触れていきましょう。

火・地・風・水の時代の流れの中では切り替え時期に、前の時代を象徴するものが極まり、次の時代へと移行します。

①「火の時代」から「地の時代」へは、

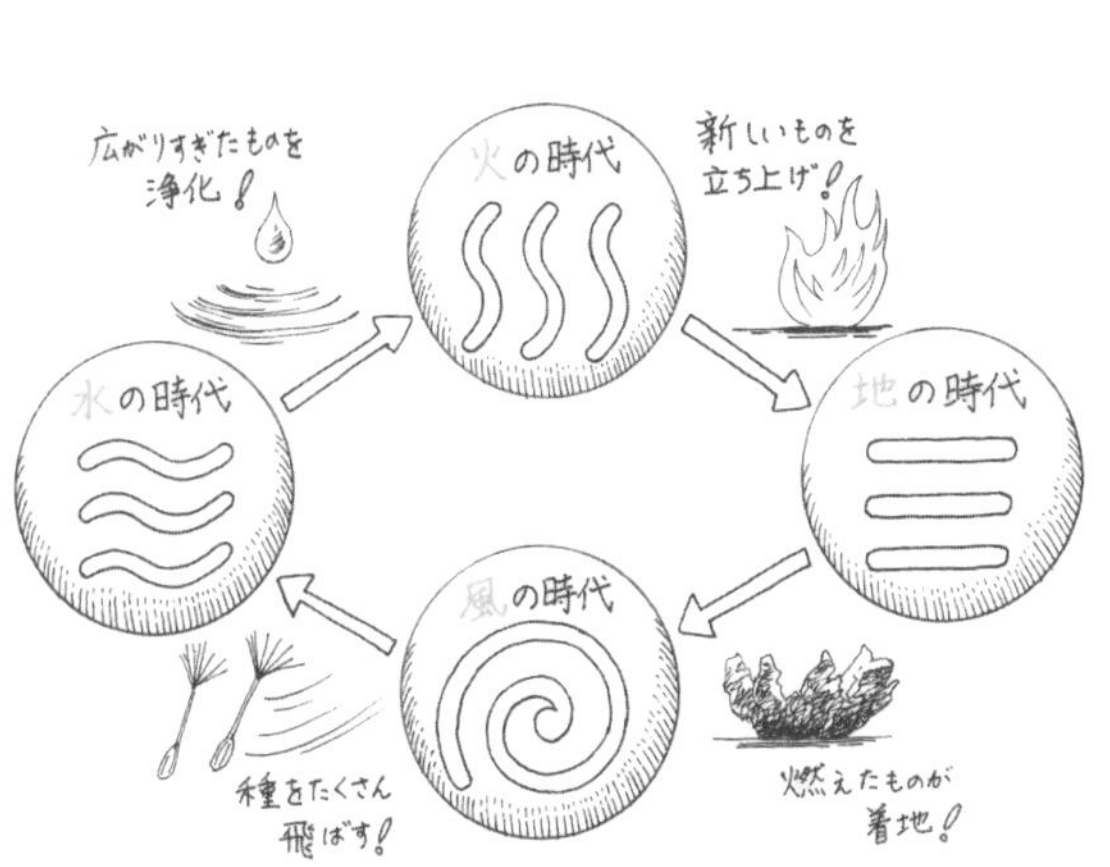

火で芽吹いたものが着地することを求めるからこそ地に移行し、

②「地の時代」から「風の時代」へは、定着したものがより広い範囲を求めて広がろうとするから風に移行する。

③そして、「風の時代」から「水の時代」へは、広がり過ぎたものが浄化されるために一度水のように混ざり合い、

④「水の時代」から「火の時代」へは、混ざり合ったものから芽吹いたものがまた火のように立ち上がる。

ちょうどこんな具合です。

それでは私たちが生きる現代、２０２０年12月の地の時代から風の時代への切り替えにおいては、具体的に一体何が極まったのでしょう。

……それは「ノウハウや型」だと言えます。

今回の火・地・風・水のサイクルのスタートとなった「水の時代」と「火の時代」の切り替えの時に生まれた「株式会社」。

現在の私たちにとっても、ごく身近なものの1つとなっています。

株式会社の始まりは、今から約420年前の「火の時代」、西暦1602年に設立されたオランダ東インド会社です。そうして「株式会社」は芽吹き、火の時代→地の時代と発展を続けてきました。

日本ではちょうど江戸幕府ができた頃のことです。


そのノウハウは2021年現在から1つ前の「地の時代」で十分に極まった状態にあります。

そのことを象徴するように、ここ数年は「起業ブーム」が起きており、一般人でも株式会社を設立できるようになりました。

風の時代では、さらに起業の流れが盛んになっていくでしょう。

誰もが株式会社を設立でき、誰もが出資できるようになる。

そして、皆が自分らしく活躍し、誰でも資金を集めて長期にわたり事業ができるようになるというのは、とても素晴らしいことです。

しかし、この世の全ては表裏一体。

株主からお金を集める株式会社がどんどん広がっていくことで、問題点も発生します。当然、その業種のことを熟知した人だけが株主になるわけではなく、業界について全く知らない一般人が株主になることも多くなっていきますよね。

すると、出資した会社の悪い情報が少しでも耳に入れば不安になり、すぐに株を売却する事態が頻発するようになります。

つまり、株について詳しい投資家であれば動くタイミングでない局面での株の売買が間断なく引き起こされるのです。

これにより今後、株式市場・金融市場が不安定になっていくことが、容易に予測できます。

この状況が悪い方向へ進んでいくと、そこかしこでバブルがはじけるような状態になってもおかしくありません。

そうなれば、金融の専門家でさえ市場をコントロールできない時代になってしまう恐れもあります。

実は、株の専門家たちの中でも、もうすでにこういった動きを見越して、金融市場との付き合い方を見直し、一般人に株のことを教える仕事にシフトしていっている人も出てきています。

なお風の時代の拡散力は強力です。

情報量が多過ぎますし、そうなるとますます情報の良し悪しの区別がつかなくなっていきます。

そうなると、全ての情報を取り入れなくては！　と、焦りだけが膨らんでいきます。

具体的に言えば、「起業しなくては、風の時代についていけない！」と思ってしまうような状況が多発するのです。

まるでそれは、強風に煽られて目の前に飛んできた、たくさんのスーパーのチラシを1枚残らずキャッチして、内容をチェックした上で、全部のお店に買い物に行こうとするような感じです。

……そんなことは不可能ですし、考えただけでも心が疲弊しますよね。

そんな悪しき状況、つまり、ピューピュー飛んでくる情報に踊らされないための解決法は……、

自分の感覚を鍛え、自分がどうしたいのか？　どのノウハウが自分にしっくりくるのか？　を明確にしておくことです。

よく起こるのは、「良いもの」は頭で考えて判断できるけれど、「しっくり」は感覚や

感情でしか捉えられないため、この部分が機能していないパターンです。

では、自分の感覚を鍛えるにはどうしたらいいか？

それこそ、水の時代の象徴である「スピリチュアリティ（直感）」の力を借りることです。

ただし、水の時代の力だけでは不十分とも言えます。

大事なのは、風の時代の象徴でもある「知性」もしっかり混ぜ合わせること。

風の時代を軽やかに進んでいくためには、時に自分の直感すらも分析していく必要があります。

もちろん、自分の直感が間違っている場合もあるのです。

ですから、知性と直感を行ったり来たりすることが風の時代には必要不可欠です。

「知性（風）」と「スピリチュアリティ（直

感・水）」を使いこなして、ハイブリッドを生きる。

それこそが風の時代の正しい生き方と言えます。

次の章ではスターイノベーションの大きな要素の1つ「真の風の力」について詳しくご紹介していきたいと思います。

ぜひ、正しく風を読む方法を手にしてください。

第2章

シン・風の時代

あなたが「風の時代疲れ」を起こしている理由

2020年12月に到来した風の時代。

それを境に、「風の時代は個性的に生きる時代！」、「風の時代は自由な働き方をする時代！」、「風の時代は繫がりを大事にする時代！」という風のエレメントらしいメッセージがSNSやメディアで溢れるようになりました。

しかし、私を含めた私の周辺では、これらのメッセージがポジティブに捉えられず、風の時代に置いてきぼりにされる感覚を持った人が増えていきました。

自由な働き方も、個性的に生きることも、繫がりを大切にすることも、それだけで見れば焦ることなんてなくて、むしろ大歓迎。

それなのに、なぜかそんなメッセージを目にするたびに、焦りやもやもやを感じる。

つまりはそんな状態です。

あなたもそのうちの１人ではないでしょうか。冒頭でもお伝えしましたが、私はこの現象を「風の時代疲れ」と呼んでいます。

それでは、こんな「風の時代疲れ」を起こしてしまう原因はなんなのでしょう。

原因の１つは、本当の意味での風の時代の「風」がしっかりと理解されていないこと。

「風」という言葉からは、ドライなイメージを持ちがち。

ですから、「繋がりを持つ」と言っても、どんどん人間関係の繋がりを変えていくような、カラッとした印象を抱かれている方が多いと言えます。

しかし、「風」はクールでもドライでもないと第０章でお伝えしましたよね。

もう一度おさらいをしましょう。西洋占星術で「風の時代」の性質を読み解いていくと、風は（熱・湿）の状態。

熱（ホット）はその名の通り「あたたかい」、湿（モイスト）は「繋がりたい」という性質を表しています。

つまり、本来の「風の時代」は、「あたたかい繋がり」を外に働きかけ、社会を作って生きていく時代なのです。

そう考えると、本当の風の時代は私たちが思い描くものよりも、もっともっと安心感があってほっこりできる時代だとも言えます。

それなのに「もっと安心感があってほっこりできる時代」であることが、世の中にあまり浸透していない。

それが、「風の時代疲れ」を呼ぶ1つの原因だと考えられます。

要は、風の時代に含まれる「湿（モイスト）」の部分が見落とされがちなんですね。

本来は湿ったあたたかい風なのに、世間で言われる「風の時代」の情報は、水が蒸発して熱風だけが吹いているような印象を受けます。

熱風が吹き荒れる社会……、想像しただけでしんどそうです……。

そして、「風の時代疲れ」の2つ目の原因は、知らずしらずのうちに時代の「風」に煽られてしまっていることです。

地の時代から風の時代への切り替わり。この時、2つのエレメントには共通の性質が含まれていないため切り替えの落差が激しいと第0章でお伝えしました。
そのせいで、2つのエレメント間を移動する際に相当な気圧の差が生まれます。
気圧の差が生じれば、風も強くなりますよね。

ですから、私たちは今、かなりの強風にさらされていると言えます。

そうやって強風の中を進もうとしているので、体力も相当使いますし、感じたことのない疲れも溜まってくるでしょう。
そう、これこそが風の時代疲れを起こす2つ目の原因だと言えます。

それでは、ここからは本来の風の時代をしっかり捉え、そして、強風の中をどう歩いて行けば風の時代疲れを起こさずに済むか？　そのことについて触れていきましょう。「風の時代に注意すべきこと」として、まとめました。

風の時代に注意すべきこと①：風の時代の生き方を鵜呑みにしてしまう

無意識にやってしまいがちなこととして1つ目に挙げるのは、「風の時代の生き方を鵜呑みにする」ことです。

風の時代についての発信に触れていると、

- **個人的な見解を離れる**
- **物事を知的に理解する**
- **留まることなく流れて動き回る**
- **情報は拡散していく**
- **合理的で論理的な判断をする**

などの項目がよく目につきます。

もちろん、これらの生き方は「風の時代」の勢いに乗りやすく、時代に適しているアクションです。

しかし、その全てを「正解」だと思って体現しようとすると苦しくなってしまいます。それは、世の中に共通の「正解」なんてどこにもないからです。

そこで、風の時代のメッセージに触れた時には、風の時代に適しているとされる生き方の中から、これまでの経験を活かして自分に合いそうなものに絞る。

そして、そこまでできたらあとは、自分の感覚を信じて選ぶ、が正解です。

実はこれこそが、風の時代に水の時代の要素を足した、この本ならではの「風と水のハイブリッドな生き方」の1つです。

風の時代は、地の時代で固まったたくさんのノウハウが風に煽られ拡散され、私たちの手元に届く時代です。

一方で、手に入ったノウハウの全てを鵜呑みにして、何でもかんでも実行しようとしたら身体がいくつあっても足りないですし、時間だって24時間では足りません。

だから、風の要素である「知性」で数を絞り、残りはどの方法・ノウハウを選んでも安全というところまで持って行ってから、あとは水の要素である「感覚」に任せましょう。

風の時代に注意すべきこと②：風の時代のことだけに注力してしまう

2つ目の注意点は「風の時代に風の時代のことだけに注力してしまう」こと。

今、時代の大きな流れは「風の時代」ですが、実はこの大きな流れの中にも小さいスパンで火・地・風・水のエネルギーが繰り返し巡っています。

具体的には、木星の動きもその1つ。

木星が滞在する星座は約1年ごとに変わっていきます。

それによって、200年ごとの大きな枠組みである「風の時代」の中で、木星の動きに合わせて社会のカラーは1年ごとに変わっていきます。

実際に木星の動きを見てみると、風の時代に入ってすぐの２０２０年12月は、木星が水瓶座にあったため「風の時代の風の年」でした。

しかし、２０２１年5月中旬から7月下旬は木星が一時的に魚座に移動し、「風の時代の水の年の先取り期間」となり、社会のカラーが少し変わるはずです。

２０２１年12月29日には木星の移動によって「風の時代の水の年」が本格的にスタートします。

さらに言えば、２０２２年12月下旬には木星は牡羊座に移動し、「風の時代の火の年」が始まります。

運気が私たちに及ぼす影響は、年月や時間の塊が大きければ大きいほど強くなります。そのため、1年ごとの火・地・風・水の社会のカラーよりも２００年ごとの大きな火・地・風・水の流れのほうが強力であることは確かです。

それでも、木星の例のように星が私たちに及ぼす影響は、絶えず変化を繰り返し流れています。

ですから、星に見守られながら生きる私たちが「今は風の時代だから風！」と「風の時代」に固執してしまえば、自ら変化ができず取り残されてしまいます。

流れる時代の雰囲気をキャッチしながら柔軟に自分を変えていくこと。

これはとても大切なことなのです。

時代の変化に適応していくことについて実例を挙げてみましょう。

30年以上活躍し続けているバンドの１つであるMr.Children。彼らも時代の感覚を細やかにキャッチし、それを歌詞に反映し変化し続けています。

Mr.Childrenが１９９０年代にリリースした楽曲には、〝安定した暮らしなどつまらない〟というメッセージが含まれていました。

ですが、２０００年代にリリースされた楽曲には〝自分の仕事をきちんと全うしていくことに喜びを〟というメッセージに変化しています。

さらに２０２０年12月、風の時代に切り替わる直前にリリースされたアルバムには

「愛」「愛しい君」などの単語や「生死」を思わせるフレーズなど、風の次の時代である水の時代・水のエレメントを連想させる内容になっていることにも驚きます。

うまく時代をキャッチし着実に進む人たちは皆、物事の構造や仕組みを見抜いて知性を働かせ、そこに何があるかを見抜いて自分を自由に変えていきます。

風の時代だからといって風の時代のことだけに注力しないようにすること、これも大切なポイントです。

風の時代に注意すべきこと③：風の時代だからと、別の星座の人間になろうとしてしまう

「風の時代は風の星座じゃないと活躍できないのか？」

これも風の星座（双子座・天秤座・水瓶座）以外の人は気になるところですよね。

西洋占星術の４つのエレメントである火・地・風・水。

それぞれのエレメントには、それぞれの個性があり、それぞれ別の分野で得意なものを持っています。

塩と砂糖、みりんと酒が、料理の中でそれぞれ違った役割（味）があるように、星座にもそれぞれ社会の中での違った役割があるのです。

逆に、みんなが「塩」になってしまったら、お料理はしょっぱくて食べられないですよね。

それと同じで西洋占星術の４つのエレメントが風の時代の中で持つ役割も別々で、どれが一番良いのかなどということはもちろんありません。

具体的には次のような感じです。

火のエレメント（牡羊座・獅子座・射手座）の人の役割

吹き荒れる風の中、それぞれの持つ「自分らしさ」が集団に埋没しないように独立心を示すこと。物事の始まりを担うこと。

地のエレメント（牡牛座・乙女座・山羊座）の人の役割

風に流されていく情報をそのままにせず、長期的な視点で扱うこと。物事を現実的に支えること。

風のエレメント（双子座・天秤座・水瓶座）の人の役割

風をうまく利用して、必要な人の元へ情報を届けること。世界に喜びを運ぶこと。

水のエレメント（蟹座・蠍座・魚座）の人の役割

理性の風の中で自分の気持ちが分からなくなった人に寄り添い、精神的繋がりを大切にすること。全てが叶うと伝えること。

＊

こんなふうに、それぞれが違う役割を持っていて、その役割を全うすることで初めて世の中は成立します。

それなのに、鑑定をしていると、人は「自分にない性質」にこそ憧れを持ちやすい生き物なのだなと実感します。

そして、そうなる努力もしますが、「もともと持っている特性」を活かす生き方ではないので、やっぱり無理がかかり苦しくなっていきます。

主戦場での闘いではないので強いストレスもかかります。

「風の時代」だからといってみんなが風のエレメントになる必要はなく、そもそも他の人には、どう足掻いたってなれません。風の時代の中でそれぞれの役割を果たすことこそ、風の時代を着実に歩む道筋になります。

もっと言えば、風の時代の情報に煽られて本来の自分の得意な範囲や得意なパターンから飛び出してしまうほうが危険です。

自分の専門分野をちゃんと認識して、育てて、うまくいく自分仕様のノウハウを作って繰り返していくこと。そうすることで自分らしく風の時代に活躍することができるでしょう。

もう一度、自分の星座のエレメントの役割を確認してみてくださいね。

風の時代に注意すべきこと④：地の時代から風の時代へいきなり移行しようとしてしまう

風の時代を本当の意味で軽やかに進んでいくために、1つ前の「地の時代」のライフスタイルから「風の時代」のライフスタイルへ、いきなり移行しようとしていないかもチェックしてみましょう。

地の時代と風の時代を状態で分けると、「地」はドライ&コールド（自立&内にこもりたい）、「風」はモイスト&ホット（繋がり&外に行きたい）でしたね。

まさに真逆の性質を持つ2つの時代の切り替え。

私たちが戸惑ったり疲れたりするのは当たり前です。それに、断崖の裂け目をピョーンと飛び越えようとするようなものなので、いきなり風の時代に飛び込もうとすれば、怖いなと感じるのも無理はないのです。

そこで意識したいのが、地の時代と風の時代を繋ぐもの＝水のエレメントです。

水のエレメントはモイスト&コールド（繋がり&内にこもる）で、地と風の時代の両方の性質を1つずつ持っているのです。

この力で、地の時代と風の時代の間にある断崖の裂け目に橋をかけましょう。

具体的な方法としては、水のエレメントが表す、

情感／情愛／対人関係を大切にすること／感情を重視／混じる／和合する／愛情

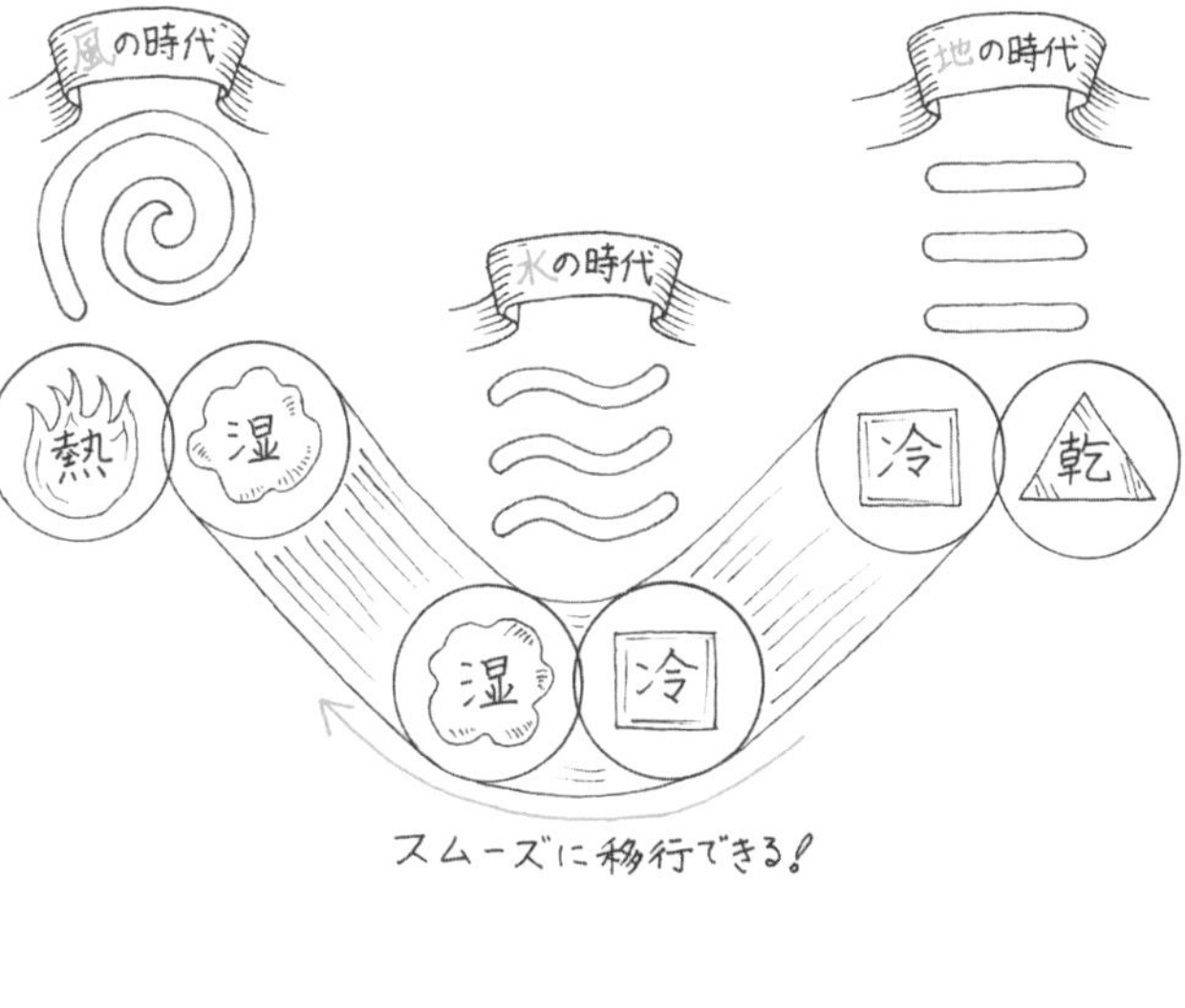

の充足／霊的な次元との関わり／無意識／潜在意識の深いところ／共感的であること／流動的であること

などを日々の生活の中やふとした瞬間に思い出してみてください。
なんだかちょっとうまく行ってないなぁと感じる時や、疲れた時にもぜひ。
すうっと何かが流れるのをイメージできたら大成功です。

そして、喉が渇いた人に冷たいお水を差し出すように、ちょっとだけ周りの人に優しさを持って接してみてください。そういった少しの心がけが、思わぬほど、時代の切り替えをスムーズに進ませるきっかけとなります。

風の時代に注意すべきこと⑤：時間や場所を決めない働き方に憧れを持ち過ぎてしまう

風の時代の働き方として「時間や場所に囚われず自由に働く」というメッセージもよく目にします。

企業でも、自席を定めず自由に作業する席を選択できるフリーアドレスなどのスタイルを導入しているところもありますよね。

それに加え、コロナ禍もあり、テレワークやオンライン会議が当たり前となり、全国どこにいてもお仕事が問題なくできるようになりました。

いつでもどこでも好きな時間に好きなだけ働く……、

それってなんだかかっこいい！　と思う人も多いのではないでしょうか。

ただし、働く時間と場所を決めない自由なスタイルは、良いことばかりではありません。

全部が自分次第で自己責任という側面もあり、自分でスケジュール管理をして、時間の使い方をコントロールしてと、かなり自分を律する必要があります。全ては表裏一体だということです。

そう聞くと、ちょっと自分には大変かなぁと思う人もいるのではないでしょうか。

安心してください。

時間が決まっていたり、場所が定まっていたりするほうが安心して仕事に臨めるという方は、それでいいのです。

そういう方は、今いる環境をいきなり変えるのではなく、今いる環境の中でいかに自由に働けるかを考えてみましょう。

会社員の方であれば就業時間内でいかに自分らしく時間を組み立てられるか、まずは考えてみるのも良いかもしれませんね。

そうした小さな変化が、時代の変化と共鳴して大きな変化に繋がっていきますし、そうすることが真の風の時代の生き方です。

風の時代に注意すべきこと⑥：発信しないと時代に置いていかれると焦ってしまう

「風の時代は知性やコミュニケーションがポイント。繋がりができるSNSやインターネットでどんどん発信しましょう！」

そんなふうに多くのメディアでは語られます。

そのメッセージに対し、「自分の考えを表現するのは苦手……発信しないと風の時代に乗り遅れちゃうかな……」と不安になっていませんか？

そうは言っても、表現するのが得意な人もいればそうでない人もいます。それに、インターネットや情報の扱いにも得手不得手がありますから。

もし不安になっている方がいらっしゃったら安心してください。

「インターネットで発信しなくてはいけない」というメッセージが広まった真意は、「自分はどう思うか」を自分がしっかり知ることが大事、だということです。

自分がどんな価値観を持っていて、どんなことに幸せを感じるのか。

逆に嫌なことは何なのか、自分の考え方や感覚をキャッチして、自分の中の軸をしっかりと立てる。

それがインターネットで発信するよりも、風の時代を軽やかにしっかりと進んでいく上での大事なポイントです。

自分の考え方の軸が分かって価値観がしっかりしてくると、世の中で起きていることや出来事に対して「自分はこう思う」という想いが生まれてきます。

そこで初めて、溢れ出した想いを伝えたいと、「表現」、「発信」という行動が生まれます。


風の時代はそれぞれが自分の価値観や想いを表明していける時代であり、それぞ

れが違う価値観や想いを持つのが普通に
なってくる時代です。

だからこそ自分の軸・想いがしっかりしていない状態で、「風の時代だから発信しなくちゃ！」と思って無理に発信するのは本質とずれていると言えます。

表面だけを綺麗に整えた上っ面ばかりの表現は誰の心にも届きません。

まずは、自分の価値観としっかり向き合ってみましょう。

その上で、「これは本当に伝えたい！」という想いが溢れた時には、思い切って表現してみてはいかがでしょう。

それはインターネットでもリアルな場でもＯＫです。

風の時代に注意すべきこと⑦：「個性を出さなくては」と人と違うことをしようとする

「風の時代は個性の時代」。確かにこれは本当のことです。

しかし、「個性を出さなくてはいけないか」と聞かれたら、答えは100％イエスではありません。

そもそも個性ってなんなのでしょう。個性とは「他の人と違う、その人特有の性質・性格」のこと。つまり「自分らしさ」のことなんです。

その上で人間は1人ひとり、そのままでいても違う存在。

ですから、個性は出そうとしなくても出てしまうもの。

そう、個性は出すものではなく、自然と出てしまうものなんです！

しかし、本来は勝手に出てしまう個性が、地の時代のこれまでの社会や組織では「出し過ぎてはいけない」とされてきました。

みんな一緒であることが求められ、違うことをすると白い目で見られる……。

そうやって、私たちは個性を精一杯抑えてきたのです。

「周囲と一緒」が安心安全というように。


そんな中、風の時代に入って個性的に生きて良いとされる時代が到来しました。

それでも、今まで無理に個性を抑えつけてきた私たちです。


いきなり「個性を出してもいいよ！」と言われても出し方が分からないのです。

ここで味方になってくれるのが水の力です。

まずは、あなた自身が周りの人や環境を信頼（水）するところから始めてみましょう。

具体的には最初は信頼できる人や場所の中で、ちょっとずつ「無理して自分らしさを抑え込む」のをやめてみること。

時代の風が、地の時代に固めた地面を撫でて、そこに眠る個性を少しずつ呼び起こす。そこに「信頼」という水をかけることで土はもっと柔らかくなって、個性の芽が出やすくなります。

そうやって、私たちはどんどん自由に自分らしくなっていきます。

万が一、信頼を注いだ上で、ありのままのあなたが受け入れられなければ、そこはあなたのいるべき場所ではないだけです。

これから本格的に始まる風の時代はこれまで以上に流動的になって、人間関係も固定的ではなくなってきます。

ありのままのあなたを受け入れてくれる場所に出会うまで、自由に移動しても良いのです。

無理しなくても、みんなが個性を安心して出せる世界。

それが風の時代なのです。

風の時代に注意すべきこと⑧：マイノリティ（少数派）にこだわってしまう

「マイノリティ（少数派）になりましょう！」

これは……明らかに風の時代の拡大解釈と言えます。

「みんなが違う存在である」ということが、「みんなと違う存在でなくてはいけない」にねじれてしまったのだと思います。

「りんご」は赤いけれど、「赤いもの」は全部りんごではないですよね。

そんなふうに、風の時代の真意は、マジョリティ・マイノリティ自体に「意味を持たせない」、「そんな分類には価値がない」ということ。

本当の意味での風の時代は「違うこと」を「良し」とするのではなく、「違いを認めること」を「強要」するわけでもなく、ただただみんなが違うというだけです。

だから、そこには多数派とか少数派とかそんな分類は存在しません。

風の時代が進めば進むほど、マジョリティ・マイノリティという言葉自体もだんだんと意味を持たなくなっていき、概念も薄まっていくでしょう。

つまり、多数派だろうが、少数派だろうが、活躍する人は活躍する。

そんな世界が広がっていきます。これからは少数派にならなくても良いし、多数派にだってならなくて良いのです。

風の時代に注意すべきこと⑨：他人と必死に繫がろうとする

風の時代は「人脈が価値を持つ」、「ネットワークが大切」、「チームワークで物事を動かす」など……「繫がり」がキーワードになってきます。

友達が少ない人にとっては、「繫がり」は少し焦らされる言葉ですよね。

私自身、友達は多いほうではないので、風の時代に入ったばかりの頃はそういった発信を見るたびに心がズキズキしていました(笑)。

「繋がる時代」と聞いて、ネガティブな想いが浮かんでくる人は、無理して人と意見を合わせたり、人と違う部分を隠したり、そんなイメージを持っていませんか。

ですが安心してください。

風の時代は放っておいても自分に合った形で自然に繋がっていく時代だからです。

つまり、繋がるために必死になる必要はないんです。

「友達は作るものではなく、できるものだ!」

そんな言葉がありますが、まさにそんなイメージです。

風の時代のネットワークは繋がろうとしなくても、いつのまにか繋がっているの

です。

ですから、人見知りの人は安心して引きこもってください！

「引きこもっていたら、繋がれないじゃない！」と思うかもしれません。ですが、そこは風の時代の象徴的ツール＝インターネットがあります。

物理的に同じ空間に居合わせなくても、オンラインの繋がりだって、繋がりには変わりありません。

ちなみに私自身も、本書を作る上で実際にお会いしたことがあるのは、実はたったの3名だけです。


地の時代の繋がりは、地のエレメントが表す「物質的な」繋がりでした。

例えば、同じ会社に出社している、身体が同じ空間にあるなど、物理的な距離があったのです。

そこには弊害もあって、主義や主張は後回しになります。

それよりも誰が偉いだとか、誰が年上だとか、そんなことが重要視されます。

そのため、「お互いの主義・主張が違う」と気づくのにどうしても時間がかかります。
そして気づいた時にはすでに身体がそこに囚われているため、なかなか簡単には抜けられないのです。

その点、風の時代は順番が逆で、主義・主張が先に来ます。主義・主張は言い換えれば個性です。

「私はこう思っている人です」という。

風の時代に自然と繋がる人は自然体のままでいられる人たちです。だから、無理して繋がりに行く必要はありません。

あなたがすべきことは、自分のほうを向いて自分にどんな主義・主張があるかを自分で知っておくことです。

つまり、自分は何色なのかを。

そうしたら、自然と繋がりができて、いつのまにかそこに役割が生まれてくるでしょう。

風の時代に注意すべきこと⑩：多様化ハラスメントに巻き込まれてしまう

「多様化」も風の時代の大切なキーワードの1つです。

もっと言えば、これから本格化していく風の時代は「みんな違って、当たり前」の世界観です。

だからこそ気をつけなくてはいけないことも出てきます。


それが多様化ハラスメントです。


「多様化」と聞いて、真っ先に浮かぶ詩と言えば、童謡詩人・金子みすゞさんの代表作の1つ「みんなちがって、みんないい」という言葉ではないでしょうか。

ただ「みんなちがって、みんないい」が行き過ぎると「みんな違ってみんないいんだから、違う私を認めなさい！」になります。

つまり、「違いを認めなさい」、「みんな違ってみんないいと思いなさい！」といった前向きなプレッシャーが生まれるのです。

「風の時代は多様性が認められる世界」

そんな考えが、風のエレメントの「拡散する（ホット）」という部分に影響を受けて強く出過ぎると、

「みんな違って当たり前なんだから（私の意見を）認めなさい」と、そんな無言の圧になってしまうのでしょう。

そして、「認められない自分はだめだ」のような二次被害も起きます。

本当の多様性とは、「良いと思えないこと」も多様性のうちの大切な1つの意見だと認識することです。

「良いと思えない」

それも十分、多様性の１つの意見なのです。

それなのに、相手のことを認めないといけないように感じてしまう。

もしくは、認められるのが当たり前で、行き過ぎると、認めてくれない人を攻撃してしまう。

そんなヘンテコな関係性が生まれてきてしまうわけです……。

風の時代で多様化ハラスメントに巻き込まれないようにするには、自分の意見をしっかり持って、その上でそれを相手に押し付けないこと。

風の時代らしく距離を取って俯瞰的に見るんです。

その上で、「相手のことを良い」とまで思わなくても、水の要素の受容性を使って相手をそのままで内側に取り込むこと。

「みんな違って、しょうがない」みたいなイメージで、相手を受け入れる。

ある意味、諦めにも似ているようなさっぱり感を持つことで、風の時代の多様化を楽しめるようになりますよ。

＊

さて、ここまで紹介してきた、本当の「風の時代」の話。
いかがでしたでしょうか。

風の時代の本質をつかんだ皆さんに、いよいよ次の章から風の時代で頭１つ突き抜けるための「水の時代の力」の使い方についてご紹介していきます。

ぜひ、風と水を味方につけ、成功も幸せもあなたのものにしてください。

第3章

人生にスターイノベーションを起こす方法

「風の時代を知ること」は人生の攻略本。
「水の時代を知ること」は人生の魔法

さて、この章からはいよいよ「水の時代の力」を活用して、風の時代を生き抜き、突き抜ける、その具体的な方法をお伝えしていきます。

２０２０年12月にスタートした風の時代は「水」を内包して、「水」と共に進んでいます。**つまり、「水の時代」はもうすでに「風の時代」と共に少しずつ始まっているのです。**

だからこそ、次に来る「水の時代」を無視することは、すなわち時代の流れに逆行することと言っても大袈裟ではない、ということになります。

とは言え、「風の時代」のことすら最近知ったばかりで２００年先のことなんて自分のこととしてリアルに考えられない！　なんて方も多いことと思います。

そこで、まずは「風の時代」と「水の時代」それぞれをあなたの中でどんな立ち位置として捉えたら良いか？　そのことをはっきりさせておきましょう。

シンプルに言うと、人生の攻略本が「風の時代を知ること」。そして、人生の魔法を手に入れることが「水の時代を知ること」になります。

それではまず、「風の時代」について。

改めて、「風の時代」の本来の姿を知ることは、人生の攻略本を手にするようなものです。

ゲームにおいて攻略本があると、どこに宝物があるか、次に現れる敵はどんな特性を持っているかなど先の展開が読めるようになります。

そのため、ゲームを攻略するためのハードルをグンと下げることができます。

そう考えると攻略本だけでも十分、人生を楽に歩んでいくことは可能だと言えるでしょう。

しかし、楽に生きられるだけでなく、全ての風を追い風に変えて、どんなことも自分の思い通りに。そんな人生を手に入れるためには、攻略本だけでは十分とは言えません。

結局、攻略本があったとしても、攻略するためには「努力」が必要不可欠だからです。

そこで、登場するのが、「水の時代の力」。

本書で提案する「水の時代の力」を取り入れることは、ゲームで言えば、無敵の魔法を手に入れるようなものです。

つまり、「水の時代の力」とは、風の時代を安心して自分らしくさらりと進んでいくための、攻略本にはまだ載っていない、誰も知らない裏技のようなものだということです。

この章でお伝えするこの魔法をご自身のものにしていただき、あなただけの人生にスターイノベーションを起こしていただければと思います！

「水」は全てのエレメントの根源にある無敵の力

「水の時代」が秘めているものすごい力について、次は、エレメントの観点から紐解いていきましょう。

世の中で初めて「この世の始まりは何か？」と問い、後に哲学の祖と呼ばれたタレスはその答えを「万物の根源は水である」と表現しました。

この言葉が表す通り、そもそも世界は「水」なしには成立しません。

火・地・風・水、全てのエレメントの根

源にあるものが「水」なのです。

世界について語られる際、ヒンズー教では「一切は水であった」と言われ、道教でも「広大な水には辺際がなかった」など「水」の万能性について語られています。

さらにユーラシア北部から北アメリカに多く見られる創世神話でも、世界は水浸しの状態から神や動物が創られたとされ、水はあらゆる生命の源として描かれています。

これらのファンタジーにも近い話でなく科学的な面から見ても、生命の誕生は「水」によってもたらされています。

私たち生命の根源は海からやってきたと言われます。ここにもやはり水の力が垣間見えます。

生命の故郷が水の世界とあってか、私たち人間の身体も6割は水でできています。新生児にいたってはなんと8割が水なのだとか！

さらに生命と水の関係性は他にもあります。

人間は水を一滴も飲めない状態が続くと4～5日程度で死んでしまいますが、逆に言えば、水さえあれば食べものが一切なくても14～21日も生きられるようになるのだとか。

つまり、生命は水から生まれました。

そして、私たちは生まれてからも水がなくては生きていけません。

こんなふうに、水の時代の力、ひいては水の力を無視することは、私たちの存在自体を否定することと言っても過言ではないのです。

水の時代の力を人生に取り入れる2ステップ

さて、「水の時代」や「エレメントとしての水」の力がどれだけすごいかがお分かりいただけたところで、いよいよ風の時代において、水の時代の力をどう取り入れていけばいいかをお伝えしていきましょう。

皆さんご存じの通り、風の向きはころころとよく変わってしまいます。

そのため「風の時代」に入った今、気まぐれに向きを変える風をただ読むだけではなく、自分に合った風をキャッチしなくてはいけません。

その方法が風の通り道に、水を流すことです。

風と水が重なることで、川ができます。

そして、風はいつか消えてしまいますが、川は続いていきます。

そう、水を流すことで風の通った道が川として残り、私たちが歩んだ道は後世へのバトンを繋いでいくのです。


では、具体的にどうすれば良いか。

「風の時代」は、吹いている風に煽られて、地に足が着きにくくなります。

「地の時代」にこれまでなかなか動けなかった人は動きやすくなりますが、その分、ふわふわとしてしまいやすい状態です。
なんせ、足が地面に着いていないのでバランスを取るのも大変なのです。

特に時代の切り替え時期に当たる今は、地の時代と風の時代の落差によって強風が発生しています。

その強風は「地の時代」に作り上げられた、「幸せになるためにはこうするといいよ」、「成功するためにはこれがマスト」的なノウハウが熱狂的に持ち上げられ過ぎている、という形として現れているように思います。

第1章でお伝えした「株式会社」や「個人事業主」などの考え方はまさにそれに当たります。

しかし、誰もが同じノウハウに従って同じ行動を取れば……飽和状態となり、いずれ皆で倒れてしまうでしょう。

こういった混乱状態の中、まず第一にやるべきは〝落ち着きを取り戻す〟ことです。
そこで便利なのが水の力を活用することです。

正確には、水のエレメントの性質である冷・湿（コールド・モイスト）の「コールド」が役に立ちます。

熱くなり過ぎたものに水をかけるとすーっと冷えていきますよね。

私たちも風の時代になり少し熱くなり過ぎているように思います。そこで、水の時代の要素を取り入れながら少し冷静になる必要があるということです。

もう少し具体的にご説明していきましょう。

風に水を混ぜる具体的な方法の1つ目は「一旦、距離を取る」ことです。

「水の時代」の1つの要素である「冷（コールド）」は、外への反対である「内へ意識が向くこと」を意味します。

例えば、自分にとってしっくりくるノウハウが飛び込んできたとしても、一旦自分の内側に取り込んで、距離を取りつつ落ち着きながら動いていく。

そんな行動が吉だということです。

「風の時代」の中では、良い川（良い流れ）を作ろうとしている人だけが残っていくでしょう。

そして、良い流れを作るには……、

「自分だけが」、「私が所属している組織だけが」というエゴをなくし、水の時代が象徴する「全体」を捉え「一体感」を持ち、世界全体に向かっての想いを大切にすることが大前提です。

風の時代に、風だけを頼りに動くとどこまでも吹き飛ばされてしまいます。

それはまるで糸の切れた凧のように……。

だからこそ、風に水を流して川にすることで、落ち着きながら流動的に動いていきましょう。

風の時代に水の要素を混ぜるもう1つの方法は、水のエレメントの性質である「湿（モイスト）」を活かすこと。

水が持つ性質＝「湿（モイスト）」は、「世界への信頼」、「博愛」、「一体感」を表します。

そんな力を活かすこと。それは信頼感を持って世界と繋がることです。

「水の時代」は、「風の時代」の〝個〟さえも取り払われて、自分は全体の一部であると考える融合された世界です。

そんな世界を体現するためには、「自分の才能を私だけのもの」と限定しないことが重要になります。

液体が混ざり合うように、繋がりを持った相手やチーム・組織と自分は一体であると感じ取ること。

それによって風だけでは得られない安心感を伴いながら、あなたの世界は広がり、先へと繋がっていくのです。

もう少しスピリチュアリティを高めた表現で言うなら、「どうぞ最善の方法で私をお使いください」と、世界に自分を明け渡すこと。

……それが風＋水のハイブリッドな生き方です。

「風の時代」である今、さらに一歩進んで私たちが取り入れるべきものは、

「他者が辛かったら自分も辛い。自分が辛かったら他者も辛い」、「他者が幸福であれば自分も幸福。自分が幸福であれば他者も幸福」といった、水の時代の感覚です。

これは、身近な人であれば比較的簡単に感じ取れる感覚ですが、遠い世界の誰かのことになると急に難しくなります。

ただ確実に言えること。それは、「風の時代」に本当の意味で自分の人生を歩んでいける人は、

- **自分だけが良ければ良いという感覚に陥らない**
- **自分以外の人の痛みを自分のもののように感じられる**
- **そして、人の痛みを見て見ぬふりをしない**

これらの条件が揃う人です。

自分は世界の一部であり、世界はみんな繋がっているという感覚を持つ。

これは「博愛精神」と呼ばれるものに近いのかもしれません。

以上から、風の時代に水の要素を取り入れるための行動は2つです。

1. 落ち着いて一旦、距離を取って流動的に動くこと
2. 世界を信頼して自分の才能を委ねること

そうすることで生まれた川は、後世に残していきたいものや、自分の生きた意味など、たくさんの宝物を運ぶことができます。

そして逆にその川を通して、今必要な人脈やお金などはあなたの元へ運ばれてくることでしょう。

つまり、風に水を流して作り出す川によって、あなたは自然と、安心感と確固たる自信に包まれ、風の時代を進んで行けるようになります。そういう意味でやはり、水の時代の力は風の時代において魔法だと言えるのです。

ただし、水の時代だけを生きようとすると逆に失敗する

ここまでお伝えしてきた「水の時代の力」の魅力。

しかし、こうしてお伝えしていると勘違いが生まれてしまうかもしれません。

「そんなに水のエレメントが重要なら、風の時代に水の時代100％で生きるほうがいいのでは？」と。

もちろんこれに対する解答はＮＯです。

改めて明確にお伝えするならば、「風の時代」において、風と水のエレメントの要素を使いこなし、ハイブリッドに生きることが大切です。

時代の本質は風なので、あくまでも風の時代の要素に水をプラスするのが正解なのです。

例えば、風の時代に水の時代１００％で生きるとどうなるかをここで、ご紹介しておきましょう。

「水の時代」は、液体が混ざり合うように、自他の境がない統合の世界です。

それはいわば個をなくし、何も自分を守るものがない無防備な状態で世界に対峙していると言っていいでしょう。

万が一、風の時代でそんな境地を実践してしまったらどうでしょう。

……混ざり合った途端に他者に煽られて思いもよらないところまで吹き飛ばされてしまうでしょう。

騙されたり、相手に良いように扱われてボロボロになってしまったりする可能性もないとは言いきれません。

風の時代に他者に依存する生き方をしてしまえば、強風吹き荒れる時代を生き抜くことはできないのです。

台風の中でばらばらに散ってしまう水の粒のように、あなたはあなたでいることができなくなってしまうでしょう。

大切なことなので、何度も言います。

「風の時代」に水のエッセンスを混ぜることは、個を保ちながら委ねる感覚を持つということです。

水のエッセンスは大切ですが、水は風の中に流すべきプラスαの要素であることは変わりません。

ハイブリッドで活かすからこそ、風の時代を着実にしっかりと進んでいけるようになるということです。

スターイノベーション的、働き方、稼ぎ方、恋愛の仕方

「風の時代」に水の要素をミックスさせた場合、働き方や人間関係など、具体的な人

生の進め方はどうすればいいか、項目ごとに見ていきましょう。

スターイノベーション的「働き方」

風の時代は個々の才能を活かし、得意なものに特化したネットワークで分業をする世界です。

しかし、水の要素「信頼感」を持たないネットワークの場合や「地の時代」の感覚が抜けきらない場合はどうなるでしょう。

それぞれが自分の個性・才能を持ち寄るものの、激しい主張がぶつかり合って収拾がつかなくなったり、チームの中で権力争いが生じたりすることが想像できます。

つまり、各々が自分の利益や自分のことだけを考えているため、それぞれの意図を自然な形でキャッチアップして大きな仕事をしていくのはなかなか難しそうだと言えますよね。

また、うまくお仕事は進んだとしても、精神的な満足度は低くなってしまいそうです。

では、スターイノベーション的働き方とはどんなものでしょうか。

自分の才能は自分だけのものではなく、チーム全体のもの。そう考えて働くことがスターイノベーション的だと言えます。

そうすることで、自分もまた違う人の才能を持っているかのごとく仕事をしていくことができます。

それは例えるならば、それぞれの持ち寄った才能を使って、1人の大きな人格を作っていくような感覚です。

これは決して「チームのために無条件で才能を差し出しなさい」というわけではないので安心してくださいね。

自己犠牲に陥ることなく、とにかく自分の持つ才能・天才性を発揮できる部分に注力し、伸ばしていくことが大事という

意味です。

風の時代に水のエッセンスを混ぜ合わせる感覚を持った人たちは今後、より専門性の高いジャンルで、専門性の高い人同士が協力してチームを作り、世の中の流れを作っていくでしょう。

逆に言えば、私たちが取るべき方法は、より長い目で見て協力関係を意識できる人とチームを作っていくことです。

スターイノベーション的「お金の稼ぎ方」

「地の時代」ではお金が価値の中心、お金を持っている人が勝者……そんな世界観でした。

だからこそお金は貯蓄するものであり、少しずつ積み重ねて所有するもの。そんな生き方が大事にされてきたのです。

地のエレメントは「物質や実利が大切」という価値観を持つので、それが主流となるのはある意味当たり前です。

しかし「風の時代」に入り、これまでの「地の時代」に比べ、お金の存在価値自体も変化しています。

世界最古の貨幣は紀元前に発明され、世界最古の紙幣は火の時代である、中国の北宋時代（960年-1127年）に作られました。

火の時代に作られた紙幣が、地の時代に定着し、風の時代に電子マネーへと変化し、インターネットを介して広がっていく。

そう考えると紙幣の歴史も、火・地・風・水の時代の流れと共に進化をしてきました。

現金（地）→電子マネー（風）の変化はこれ以降ますます加速して、現金に触れる機会がどんどん減っていくでしょう。

実際にスウェーデンではキャッシュレス化が進み、支払いはデビットカードやクレジットカード、スマートフォンアプリで済まされ、今や現金を使えるお店を探すほうが大変という状況にあります。

お金がインターネット上で「情報」に姿を変え、やりとりされる世界。

なんとも風の時代らしい変化ですよね。

それと同時に、私たちのお金に対する意識も「風の時代」に合わせて少しずつ変化していきます。

「地の時代」では所有しているものが多ければ多いほど「良い」として認識されていました。

だからこそ、ある程度の我慢は承知の上で必死に働き、お金を貯めて、家やマイカーを手に入れる。

それこそが幸せの形であり、誰も疑問を持たず、その1つの幸せを追い求めていました。

しかし、これからの時代は明らかに違います。

お金を貯めるためだけに必死で働くことに対して、「あれ？　私が求めていた人生は本当にこれだっけ？」と気づく人や、お金よりも自分の生活や時間を優先する人が増えてくるでしょう。

つまり、お金を持つこと自体には意味がなくなり、世間的にもそれを追わなくて良くなってくるのです。

風の時代のキーワードに「流通」があるように、お金は貯め込むものではなく循環させる意識に社会全体が切り替わっていきます。

「循環させること」は風の時代らしいアクションです。

ただ、なんでもかんでも循環させれば良いのかというとそうではありません。

風の時代の「お金」に対するアクションにも「水」のエッセンスを加えて、お金に対

して「境界がない世界観」を持ってほしいのです。

水のエッセンスを加えることで、循環させる際に自分のお金を渡す先、つまり投資する先が変わってきます。

地の時代は「実利」が優先されていたため、安く手に入る商品の先にある問題……、例えば、不当に働かされている人の犠牲の上に成り立っていないか？　などは世界全体が見て見ぬふりをしていたところがあります。

しかし、風の時代はそういった情報が明るみに出て拡散されていきます。

そこで、水のエッセンスを取り込む生き方をする。

要は、お金を払う企業の先にいる人たちや環境と私たちは一体であるという考え方を大事にするのです。

もう少し具体的にお伝えしましょう。

株式に投資をするとしても株と数字だけで付き合う無機質な投資ではこれからはうまくいきません。

「知性（風）」で経営状況などを確認することがファーストステップ。

その上で、

その会社はこれから先の未来に繋がることに取り組んでいるか？

事業内容が心情的に理解でき力になりたいと思えるか？

など、「感覚（水）」がしっくりくるかどうかを確認して投資していくのが風＋水のハイブリッドな投資の仕方です。

水のエレメントの世界観は「境界がない」、「一体感」です。

お金を循環させる世界が自分と一体なのだとしたら、自分の手元にどのくらいあるかなどは意味を持たなくなります。

今、自分がお金を使うことによって未来に何を生み出せるかに目を向け、循環させていきましょう。

スターイノベーション的「恋愛方法」

地の時代では、「結婚は何歳までに」や「結婚したら家を買うのが当たり前」など「幸せな恋愛とはこういうものである」といった、正解とされる価値観が大事にされてきました。

しかし、風の時代は恋愛の形も多様化していきます。それぞれが自分の心地よさを重視した恋愛関係を築き上げていくようになるのです。

その中で、「非接触で満足できる恋愛関係」もパターンの1つとして増えていく

でしょう。

新型コロナウイルスの影響もあり、オンラインでの出会いやインターネット上でのオンラインデートも一般的になってきました。

地の時代ではこんなことはあり得ませんでしたよね。

さらに、今後はますますマッチングアプリやSNSでの出会いが主流になっていくでしょう。

アプリやSNSでの出会いは、距離の離れた場所に住む人や日常生活では関わることがない人とも出会えるチャンスが生まれるメリットがあります。

さらにオンラインでのデートは実際に会うまでに相手のことをより深く知ることができ、相手が自分に合うのかどうかを見極めることができる、風の時代に合ったとても合理的な恋愛の進め方です。

また、地の時代的〝恋人は自分だけのもの〟という所有的な考え方も風の時代には合わなくなっていきます。

パートナーを1人に限定せず、相手の同意を得た上で複数のパートナーに対して平等に接するポリアモリー的な考え方もこれまで以上に受け入れられていくかもしれません。

結婚についても、地の時代の常識であった家族全員で一つ屋根の下で暮らす……というような生活スタイルではなく、事実婚や週末婚など法律や戸籍に囚われない形も一般的になっていきます。

このように1人ひとりの選択がこれまで以上に尊重される時代。

「恋愛→結婚」の流れが当たり前ではなくなるため、結婚の意思がある人もない人も、パートナーとは常に気持ちのすり合わせをしていくことも風の時代の恋愛をスムーズに進めるポイントです。

地の時代で重視されていた、いわゆるフィジカル面での恋愛・性愛的な部分も、これからはだんだんと薄れていき人類愛に近い感覚が強まっていくのでしょう。

そうなると一見、無機質にも感じられる風の時代の恋愛に、さみしさや不安を感じる方もいらっしゃるかもしれません。

だからこそ、精神面での繋がりを表す「水」のエッセンスをより身近に感じながら自分らしい恋愛のスタイルを求めてほしいと思います。

風の時代の性質は「熱・湿（ホット・モイスト）」でしたよね。

そして、ホット＝外に向かう性質、モイスト＝繋がりたい。

風の時代の恋愛は、外に向かってアンテナを張り、フットワーク軽く身軽にアクションを起こすのが鍵です。

その上で、風の時代の恋愛に水の要素を加えて、落ち着きながら動く。

そうすることで、器と水のように「収まるところに収まる」、「しっくりくる」という感覚をキャッチできるようになります。

それが、風の時代に適度な距離感を保ちながらも無理せずに相手を信じられたり、安心できる相手を見極めたりすることに繋がっていきますよ。

スターイノベーション的「人間関係」

「地の時代」から「風の時代」への人間関係での大きな変化は、縦の繋がりから横の繋がりになることです。

これまでの地の時代では上下関係が大事にされてきました。

しかしこれからは、フラットで風通しの良い人間関係へシフトしていくのです。

地の時代には「マウントをとる」なんて言葉も流行りましたが、風の時代に入ってからはそういった相手の上に立とうとするアクションは、「終わった時代のダサいもの」として捉えられていくでしょう。

人間関係はもっとずっと楽に自由になっていきます。

地の時代の人間関係において息苦しさを感じていた人にはうれしい時代がやってきましたよ！

関わるメンバーもこれまでのようにずっと固定されるのではなく、その時々で繋がる人や関わる人が流動的になります。

グループやチームの中で状況に応じてメンバーが集まり、適任者がまとめ役をやるというような流動的な人間関係が主流になるのです。

ぽこぽこと小さなチームができ、チーム同士が協力したり、役割が終わればまた違うメンバーでチームを作ったり、最初から複数のチームに参加したり。

そんな風の時代的チームづくりの際に必要となってくるのが「私はどうしたいか」、「私はどんな人なのか」などの主義や主張です。

その主義や主張について大切なポイントは、同じような未来を見ているか、方向性は一緒か、考え方の根幹で通じるものがあるかなどです。

風の時代では個性的であればあるほど、ネットワークが広がっていきます。

地の時代には「みんなと一緒であること」が良しとされていたのに、１８０度変わってしまうところがなんとも言えず、面白いですよね。

一方で、風の時代の人間関係では、個性を表に出せていない人や主義・主張が自分でつかめていない人は少々苦戦するかもしれません。

みんなが個性や主義・主張をしっかりと発信していけばいくほど人間関係は広がっていく時代だからです。

ただそれに比例して、フラットで横の繋がりの強い人間関係においては、それぞれの主張がぶつかり合うことも増えるでしょう。

風の時代だからといって自分の主義・主張だけを通そうとすれば、穏やかで安心感の伴う人間関係を築くのは難しくなってしまいます。

そんな時こそ、水のエッセンスを加えることが必要です。

具体的には、自分の主義・主張や個性は守りながら、相手の立場に立って想像したり、思いやりを持って接したりすること。

「想像力の水」を互いの気持ちの隙間に満たすことで、スムーズに意思疎通ができるようになりますよ。

＊

風のエッセンスに水の力を加えたスターイノベーション的生き方、いかがでしたか。ぜひ、知るだけでなく実践してみてください。そして、全ての風を追い風に変えて、どんなことも自分の思い通りになる人生を手に入れてほしいと思います。

それでは次の章はいよいよ最終章です。

第4章では、皆さんの誕生日星座に合わせて、どんなふうに生きれば、人生にスターイノベーションが起こせるか？　そのことについて触れていきます。

準備はいいでしょうか。

いよいよ、あなたの人生に本当の意味で

革命が起こります。

第4章

エレメント別・スターイノベーション占い

スターイノベーションの起こし方は人それぞれ

風の時代に水の時代を取り入れて、未来に続いていく自分だけの川を作る。

その川の流れに乗って本当の意味で風の時代を乗りこなすことができれば……時代の強い追い風に後押しされて、突き抜けることもできるでしょう。

そして、それこそがあなたの人生にスターイノベーションを起こす方法だとここまで伝えてきました。とはいえ、いきなり「自分だけの川を作る」といってもイメージが湧かない人も多いかと思います。

そこで、この章ではあなたらしい川を作っていくヒントになるように、４つのエレメント（火・地・風・水）ごとに象徴される〝川〟の構造をお伝えします。

ちなみに、あなたがどのエレメントに属するのかについては、次の一覧を参考にしてください。

◆火のエレメント……
牡羊座（3／21～4／19）・獅子座（7／23～8／22）・射手座（11／23～12／21）

◆地のエレメント……
牡牛座（4／20～5／20）・乙女座（8／23～9／22）・山羊座（12／22～1／19）

◆風のエレメント……
双子座（5／21～6／21）・天秤座（9／23～10／23）・水瓶座（1／20～2／18）

◆水のエレメント……
蟹座（6／22～7／22）・蠍座（10／24～11／22）・魚座（2／19～3／20）

先述したように、どのエレメントが一番優れているかという話ではありません。

ぜひ、あなたなりの個性を爆発させる生き方をすることで、人生にスターイノベーションを起こしていただければと思います。

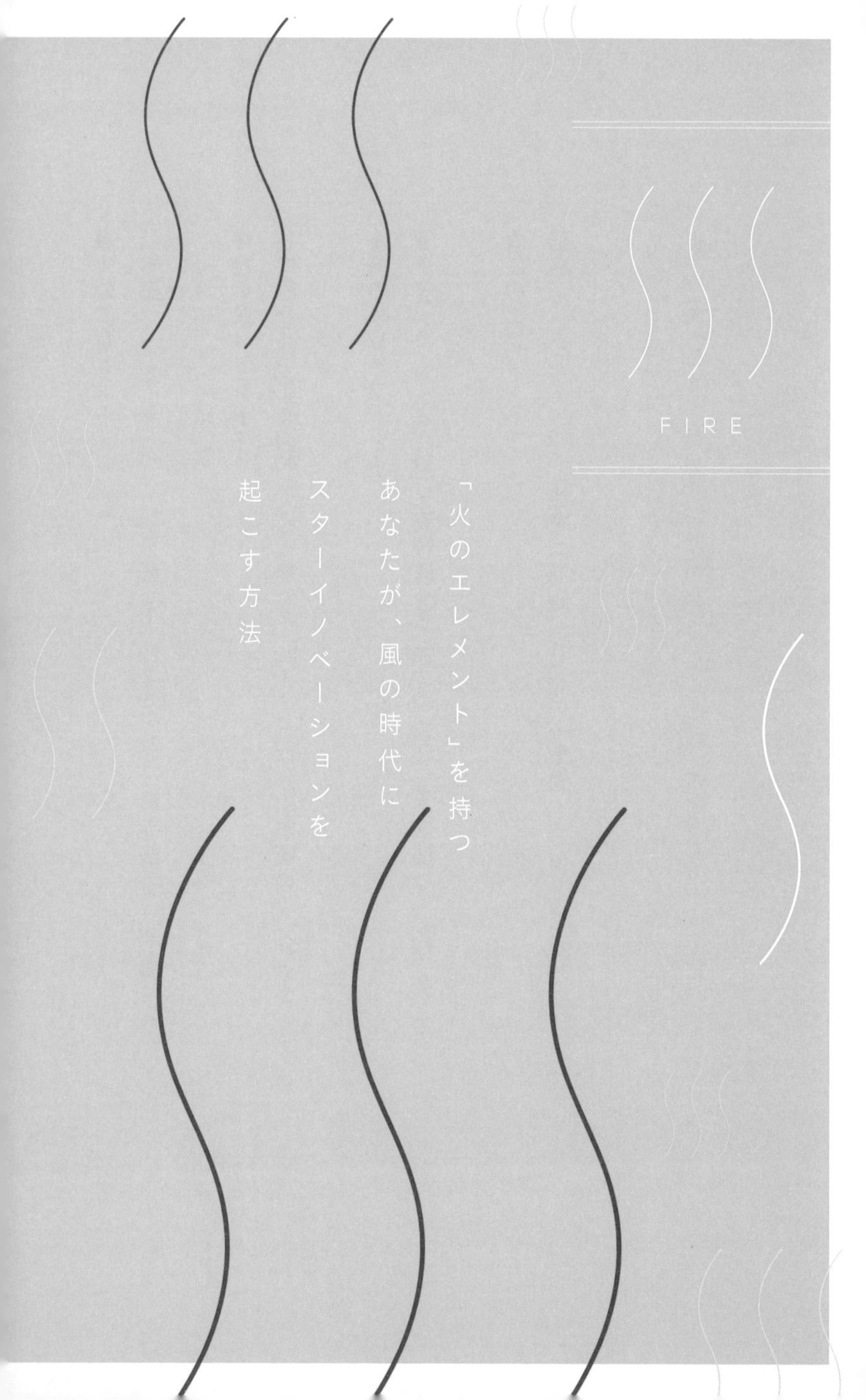

FIRE

「火のエレメント」を持つ あなたが、風の時代に スターイノベーションを 起こす方法

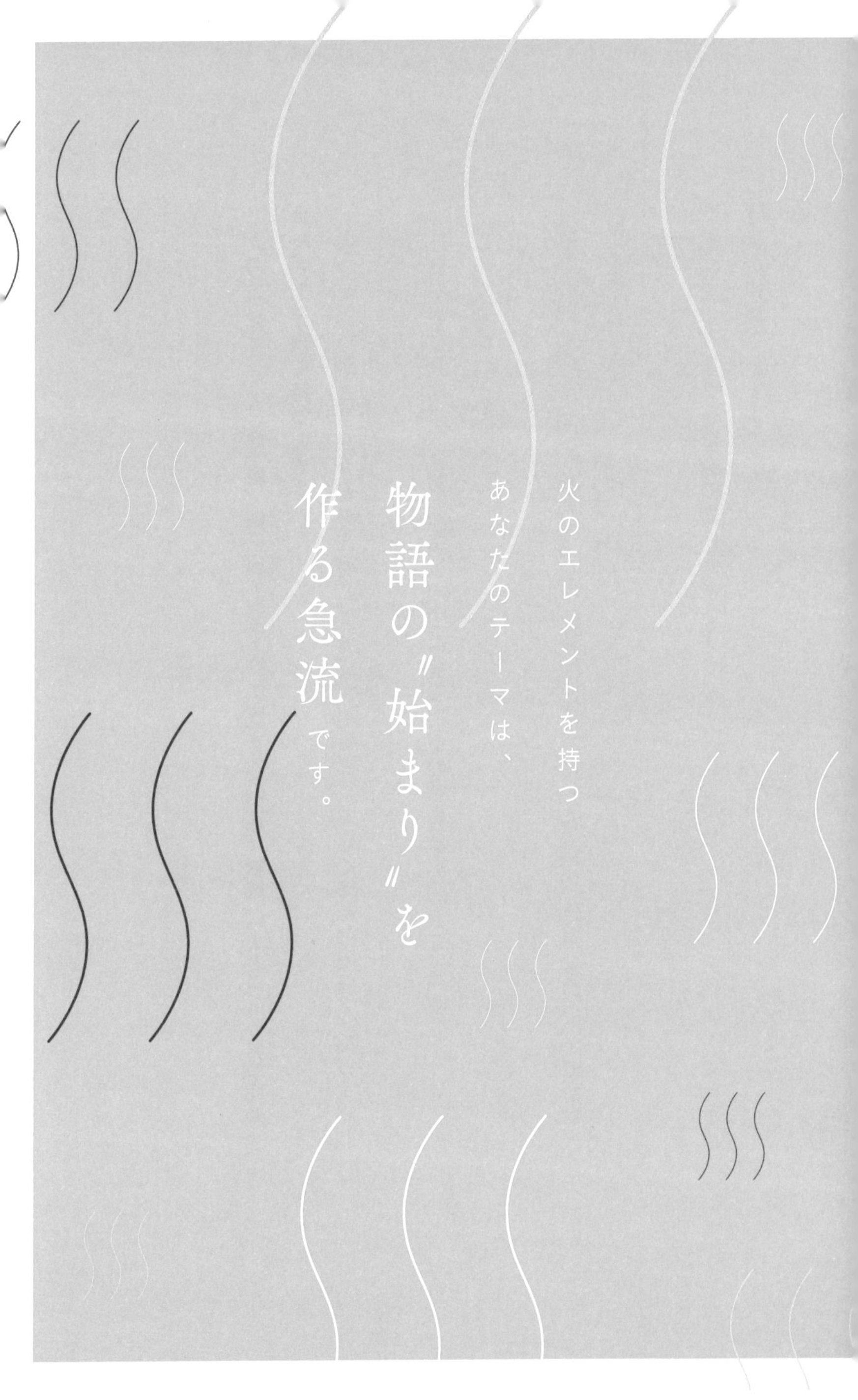
火のエレメントを持つ
あなたのテーマは、
物語の〝始まり〟を
作る急流です。

火のエレメントを持つあなたの特徴

火のエレメント（牡羊座・獅子座・射手座）に属するのは、物事に火をつける最初のエネルギーを強く持つ人です。

火がつき炎がメラメラと燃え盛るように、上に昇っていく精神性を持っています。

社会での役割は、情熱や熱意を大切にして物事の始まりを担うこと。

この役割は「風の時代」においても変わりません。

火のエレメントと時代で巡っている風のエレメントは、互いに相乗効果を期待できる関係です。

風に煽られることで炎の勢いが増すように、時代の風によって、火のエレメントの性質が強調されます。

しかし、現在は地から風の時代への切り替え直後で、時代の風が吹き荒れています。強風に煽られて、必要以上に周囲へ燃え広がることのないように上手に水のエレメントを取り入れてほしいと思います。

そこで、火のエレメントの人には「優しさ」という意味の水に加え「冷静さ（一呼吸置く）」という意味での水も混ぜ、川を作ってほしいのです。

そうすることで、間違った方向に川が流れ込んでしまうこともなく、あなたがあなたらしくいられる行き先を設定することができるようになるでしょう。

それでもあなたの川は十分な勢いを持った急流となります。

急流は、流れ出したら止まりません。

その先に困難が待っていようとも、「ここだ！」と思ったら進まずにはいられないのです。

これまでのあなたの人生を振り返って、心当たりはありませんか？

勢いが強い急流だからこそ、途中でやめるなんて無理なことです。

その姿は、やると決めたらやらずにはいられず、「私はこれがしたい」、「私はこれが好き」という姿を周囲に示すこと。

それこそが風の時代にあなたが担う役割です。

強風に翻弄されがちな風の時代の中で、決して消えない情熱の炎を持つ火のエレメントの人。

自分はここにいる、自分の情熱はここにある！　とみんなに伝え、大衆に埋もれがちな個性を決して手放してはいけないと教えるのです。

それではここから具体的な項目に沿って、ご説明していきましょう。

火のエレメントを持つあなたの【人間関係】

あなたにとっての人間関係は雪解け水を

作る【雪】

テーマにあった、物語の〝始まり〟を作る急流のような川。

その元になるものはなんでしょうか。

それは、山奥にあり春になると解け出す清らかな雪です。


火のエレメントの人にとって、人間関係は「雪」であり、川を作る大切な資源になります。

雪が解け、水量が増えれば、あなたの川はさらに勢いをつけ多くのものを動かすエネルギーを得ることでしょう。


そこでいい「雪」を作ることが、いい人間関係の未来に繋がります。

火のエレメントの人は、純度の高い人間関係を求めましょう。

例えば、直感的に「この人はすごい！」と思える人や、「なぜだか理由は分からないけれど、もっと話を聞いてみたい」と思えるような人と積極的に人間関係を作っていくことです。

純度の高い人間関係を結ぶ際に見極めるポイントは、損得勘定で付き合う相手を選ばないことです。

つまり、思考でなくひらめきで選ぶということ。

「この人と付き合っておけば得をするかも」、「自分の思い通りに動いてくれそう」など、打算的な考えで広げる人間関係は、火のエレメントの人にとってプラスになりません。

それどころか、ひらめきを伴う直感型の火のエレメントの人にとって、不純物の混じった雪解け水は視界を悪くし、ひらめきをキャッチする力を弱らせ、あなたの川の流れを鈍らせてしまうこともあります。

その人がどんな能力や肩書を持っているかではなく、どんな信念や理想を持っているかのほうが火のエレメントの人にとっては大切なのです。

さらに、その人の信念や理想に対して、あなたが直感でピンと来るか、これも重要です。
純度の高い綺麗な雪こそがやがて解け、清らかな水となり、あなたの川をもっと強くもっと激しくします。

火のエレメントを持つあなたの【恋愛・結婚】

あなたにとっての恋愛・結婚は【雨】

雨は、あなたの奥底に眠る純粋で美しい情熱を時に落ち着かせる役割を担います。心の中のワクワクやときめきを基に行動するあなたですから、やりたいことが増えれば情熱が分散することになりかねません。

そんな時、雨は水量を増すことで些細な枝葉になりそうなか細い流れを削り、重要な流れにだけ情熱を傾けられるよう調整してくれます。

例えば、あなたがふと思いついたアイデアを「実は、こんなこともやりたいと思ってるんだ」と表現した時に、同じような熱量で「それいい！　一緒にやりたい！（わくわく）」、「だったらもっとこうしたらどうかな？（キラキラ）」と返すのではなく、「そうか、そうなんだね（さらり）」とした雰囲気で返してくれる存在が雨の役割を果たしてくれる人です。

相手のそういった反応により、「自分が本来力を入れる場所はどこなのか」と考える機会が得られ、目的地がきちんと定まります。

雨によって増水した川はより勢いを増し、流れはさらに速まるでしょう。

あなたの本流を加速させるための雨。

あなたのことをきちんと理解し、時に知的な助言を与えてくれる。

そんな人と関係を結べるように選択していくのが良いでしょう。

目の前の人が自分にとって「雨」に当たる人かどうかを見極めるポイントは、あなたのことを理解しつつも、冷静になるきっかけを与えてくれるかどうかです。さらに、あなたの行動や情熱を遮ったりはしないことです。

あなたが思いつきではなく「これをやる」と決心したら精一杯応援してくれるでしょう。

パートナーがいる人は、相手が一呼吸置くことの大切さに気づかせてくれたり、遮るのではなく本流を強くしてくれたりといった役割を担ってくれているかどうかをチェックしてみてください。

火のエレメントを持つあなたの【仕事】

あなたにとっての仕事は【水力発電所】

水力発電所は、水が高いところから低いところへ流れる際の位置エネルギーを利用して、発電を行う施設です。水が高いところから低いところに落ちる時、川はものすごい勢いで急流となります。

つまり、急流であるあなたのエネルギーを世の中で役に立つ形に変換するのが水力発電所であり、水力発電所はあなたにとって仕事そのものということになります。
発電所があることで、あなたはゼロから1を生み出すことが可能になります。世の中にまだないものを生み出していけるのです。

ゼロから1を生み出すのが「火」の役割なので、あなたは他の人が難しいと諦めていたことを形にすることができます。
例えばそれは、誰も言い出せなかった問題を世の中に提起することでもあり、新しい価値観を世の中に提供することかもしれません。

時代の変わり目においては、多くの企業が価値観を転換することを求められます。そういった場面で有益なアイデアを生み出したりするのはあなたの得意とするところなのです。

あなたの川はとても激しくストレートなエネルギーを持っています。

そのエネルギーは内側から湧き上がる理想や情熱を基にしているため、そのままではなかなか形になりません。よって、あなたの抱く理想や情熱を形に変える場所が必要になるのです。

情熱があっても、それを表に出せる場（仕事）がないと、闇雲に周囲を巻き込み振り回し、傷つけてしまいかねません。

それぐらい、あなたにとって仕事は必要不可欠なものです。

エネルギーを有効にぶつける場所（仕事）があることで、あなたの川はより安心して激しく流れ落ちることができます。

世の中にまだないものを生み出していくことは、非常にハードなことでもあります。しかし、あなたの急流を利用して生み出す電力を使って、ちょっと大変そうと感じるレベルにチャレンジしてみても良いでしょう。

あなたは負荷が大きくても挫けず乗り越えていく情熱を胸に秘めている人です。

難しいと思えるぐらいの仕事のほうがかえって生き生きとし、ますます勢いがつき、困難な状況でも誰にも真似できないようなオリジナリティを発揮して、多くのものに影響を与える川を作り出していけるでしょう。

あなたにとってのお金は【急流を求めてやってくる動物たち】

鮭は産卵の際、急流を遡り川の上流に戻ってきます。なぜ苦労して急流を遡るのか。一説には急流の先の安全な場所を求めて戻ってくると言われます。

あなたとお金の関係もそれに似ています。

あなたの川は勢いよく流れることによって、動物たちに必要とされ、そして集まってくるのです。

あなたの川である「急流」は、あなたの中にある精神性や情熱、理想などの力によって作り出されます。

手に取れる現実的なお金とは対極にある、手には取れない情熱やエネルギーが基になっているのです。

あなたの場合は、まず最初に湧き上がる情熱・アイデア・理想があり、それを必要とする人たちによってお金がもたらされます。

だから、順番としてはあなたの内側にあるものが先です。

急流は動物のために流れているわけではないですよね。
お金はあなたの作り出す流れによって後からあなたの手元に届けられるものであり、最初にお金ありきではありません。

川を作り出す立場のあなたが「どうしたら動物たちが寄ってきてくれる川になるかな?」、「こんなに勢いよく流れたら大変だろうか」と無用なことを考え始めると、川の流れは一気に滞ってしまいます。

あなたの急流を作り出す原動力である現実離れしたアイデアや独自の感覚は、周りのことなど気に留めないからこそ溢れ出してくるものです。

お金を得たいと思う時には、まずあなたの内側から溢れ出るもの、興味の湧くもの、楽しそうと思えることにチャレンジしてみること。

このポイントを外してしまうと、川の流れは途端に勢いを失ってしまいます。

さらに、あなたの内側から溢れるものを必要としている人たちと繋がるために、まずはあなたのアイデア、理想、問題意識を発信してみてはいかがでしょうか。

もしあなたが組織に属しているのであれば、直感でキャッチした変わりゆく時代だからこそ必要だと思う提案や企画を立ち上げてみるのも良いですね。
するとあなたのアイデアや理想に共感し、それを形にしたいと思う人が現れます。

EARTH

「地のエレメント」を持つ
あなたが、風の時代に
スターイノベーションを
起こす方法

地のエレメントを持つ
あなたのテーマは、
穏やかに社会を
見つめ続ける大河です。

地のエレメントを持つあなたの特徴

地のエレメント（牡牛座・乙女座・山羊座）に属する人は、物事を現実的に形にしていくエネルギーの持ち主です。

大地に根を張り、しっかりとした形あるものへ着実に成長させていく力を持っています。

現実的には、実生活を安定的に運営することや、物事を仕切ったり具体的に考えながら実現させていくことを得意とします。

目の届く範囲をきちんと整えることも巧みで、物事を用心深く堅実に支えます。そんな姿から、周囲からも信頼され、頼りになる実務家と称されることも多いでしょう。

地のエレメントはコールド（冷）・ドライ（乾）の性質を持つエレメント。

そのため、地の時代から風の時代への切り替え直後の現在は、イソップ寓話のひとつ『北風と太陽』に登場する旅人のように無意識に強風に煽られないよう身構えてしまっている状態になっているかもしれません。

そこで、地のエレメントの人には「優しさ」という意味の水に加え「柔軟さ」という意味でも水を取り入れてみてほしいと考えます。

土に水を染み込ませることで、硬く乾いていた地面も柔らかくなり、あなたらしい川を作り出しやすくなるでしょう。

そうして流れ出したあなたの川は、川幅が広く穏やかにゆったりと流れる大河のようです。

安定感がある大きな川のようなあなたは、多くの情報が飛び交う風の時代を進む中で、人から伝え聞いた話に振り回されず、1つひとつ足場を固めながら進む着実さを十分に発揮していけるはずです。

そんなあなたの社会での役割は、結果や成果を出す過程で現実的に実現可能な方法や手順を担うこと。

そして、自分で確認して実感しながら具体化していくことです。

多くの情報が手に入る風の時代だからこそ、その情報に本当に価値があるかを見極め、使い捨てにせず有効活用していくことができるでしょう。

「社会の基盤を支える役割」は地のエレメントの人たちが大いに活躍できる分野です。

地のエレメントを持つあなたの【人間関係】

あなたにとっての人間関係は【堤防】

ゆっくりと穏やかな流れではあるけれど、川幅が広く大きな力を持つあなたの川は、日頃から堤防によって決壊しないよう守られています。

そして、あなたにとって人間関係はまるで堤防のようなものです。

元々地のエレメントを持つ人は、人一倍、実際性を重要視し、やや実利に傾きがちな意見や思考になりがちです。これが行き過ぎると「物質的な成功」だけに意識が集中してしまい、時に思いやりに欠けてしまうことも……。

具体的には、結果が出るか否か・有能か否かのみが基準となってしまうため、実力のない人を切り捨てるようなドライな発言を悪気なく言ってしまうなどです。

そんな時、周りの人はあなたが過度に合理的になり過ぎるのを防いだり、間に入って緩衝材のように意見を取り持ってくれたりするでしょう。

また、大きな川ゆえに間違った方向に進むと取り返しがつかなくなりがちな地のエレメントの人。あなたにとっての人間関係は、そんな事態に陥らないように堤防となって正しい道を示してくれる役目も果たします。

地のエレメントの人は実行力があるので、物事は全て自分1人でやっている気になりがちですが、本当は違います。日々、堤防に守られ実に多くの人に支えられているのです。まずはそのことを自覚しましょう。

あなたの川を守る堤防を強くする方法は、日々自分は1人で生きているわけではなく、周りに支えられていることを自覚しながら感謝の気持ちを持つことです。

そういった気持ちや態度が周りの人に伝わるにつれ、周囲の力を味方につけることができるようになります。

協力者が増えることによって、あなたの大きな川はより力強く安心して能力を発揮することができ、あなたの実行力が実際により良い現実を作っていきます。

地のエレメントを持つあなたの【恋愛・結婚】

あなたにとっての恋愛・結婚は【川の中に住む生物たち】

大きく穏やかな川の中には多くの生物が暮らしています。

その中には、川の水を綺麗にしてくれる生物もいます。有機物を分解する微生物や苔を食べてくれるエビ類や貝類などです。

そして、あなたにとって【結婚・恋愛】は川の水を綺麗に保つ役割をしてくれる生物のようなもの。

つまり、あなたの精神や肉体を健やかに保つ役割をしてくれます。

あなたの川は大きくて穏やかであるが故に、一度流れが滞ると動きが鈍くなり水は汚れやすくなるでしょう。

常に流れているのが川ですが、目的を見失ったり、自分の存在意義が感じられなくなったりすると立ち止まってしまいます。そうして川の水が淀んでドロドロになれば、当たり前ですが、あなたの川が持つ大きな力は発揮できません。

いつでもさらさらと流れているからこそ、穏やかでいられるのです。さらさらと流れるためには、水を綺麗にしてくれる生物たちの存在は欠かせません。

そんなあなたにとってベストなパートナーは、あなたの川の流れるペースを尊重してくれる人。マイペースなところがあるあなたは、時として上手に自分の意図や気持ちを周囲に伝えられない時もあるでしょう。

そんな時にも、あなたの気持ちを上手にキャッチし、相手を責めることなく、さりげなくフォローしてくれるような相手であれば、あなたはより安心して相手に信頼を寄せることができます。

実感や体感を得られることが恋愛・結婚においても大切な要素となる地のエレメントの人は、守るべき人や愛する人が実際に目の前にいること、触れ合えることでより一層生活に張りが生まれます。

川の中に住む生物とあなた自身でもある大きな川が相乗効果を生み出すイメージを持ちながら、パートナーと過ごすこと。互いに成長していくこと。それがうまくいくコツです。

地のエレメントを持つあなたの【仕事】

あなたにとっての仕事は【安定感のある川辺】

あなたの川はゆったりと一定の速さを保って流れています。

川面は穏やかに落ち着いた雰囲気です。

穏やかで安定感を持つ川だからこそ、「安心して集える場」を求めて人々がやってきます。


通常、川の流れは一方向で、日によって川の流れが逆になるということはあり得ません。しかし、現在は風の時代に入ったばかり。強風が吹き荒れているが故に、川の流れが一夜にして変わってしまうこともあり得なくはない時代です。

そんな中でも地のエレメントの人が作り出す川は、いつも一定の向きをキープし、穏やかさを保っています。

全てに通じるものではありますが、土台が安定しているということは、物事を成し遂げる上でとても大切な要素です。

だからこそ、変化の時代である今この風の時代において、「安定していること」自体が周りに求められるあなたの役割（仕事）となるのです。

安定して仕事に当たること自体が、価値となり、仕事になるということです。

さらに、その安定感を保つことで、人々が安心して集える場所や場面・状態を提供することも可能です。そのためには、何があっても動じない精神力と強さを日頃から鍛えておくと良いでしょう。

お仕事で何かトラブルがあった時にも、変わらずに動じない。穏やかな川面のようなあなたの存在が、みんなの心の支えになりますよ。

地のエレメントを持つあなたの【お金】

あなたにとってのお金は【川に集う人々】

地のエレメントが安定した川を作り出した時、川辺には自然と人々が集まります。美しさであったり、大きさであったり、深さであったり、集まる人の評価ポイントは川によって異なりますが、あなたが提供するものに価値があればあるほど人は集まります。

地のエレメントは4つのエレメントの中で一番「お金」に縁があり、お金は大切だと感じやすいエレメントです。お金は自分の提供したものに対する目に見える対価でもあるため、地のエレメントにとってこだわりを持つのは当たり前のことなのです。

よって、風の時代だからといって、無理にお金との関係を急に変えようと躍起にならなくても大丈夫ですよ。

しかしながら、多くの地のエレメントの人が抱きがちな、お金に対するネガティブなイメージは、風の時代に水を混ぜるスターイノベーションで打破してもっと自由になってほしいと思います。

少しイメージしてみてください。
お金は、あなたの川に価値を感じて集まる人たちです。
あなたの川に集う人たちは、いつも川辺にいるでしょうか。
家にも帰るし、仕事にも行きます。たまには他の川へ遊びにいくかもしれませんし、時には山にも海にも行くのです。

お金も同じです。今たとえ手元になかったとしても、お金が世界を循環していることを想像してほしいのです。

手元になくなる、残高の数字が減っていく、そのことに不安を抱きやすい地のエレメントの人ですが、ただただ貯めておくという付き合いをこれまでお金としていたのであれば、今はまさに見直すチャンスの時です。

無理に自分の元に留めようとせず、信頼して心地よい距離でお金と接することを学びましょう。

具体的には自己投資、設備投資など、未来に繋がるお金の使い方をマスターしていくこと。大きなお金を動かすことに慣れる必要があります。

「投資なんてすぐにできない！」と思う人は、お金を自分の安心のために手元に置いておくこと、例えば、銀行口座に眠らせておくことなどによって、物価の上昇とともに、お金の価値はじわじわと減っていくことを想像してみてください。

そうすることで、「損をしたくない」という地のエレメントセンサーが発動し、どうやったら有効活用できるかという発想が生まれてくると思います。

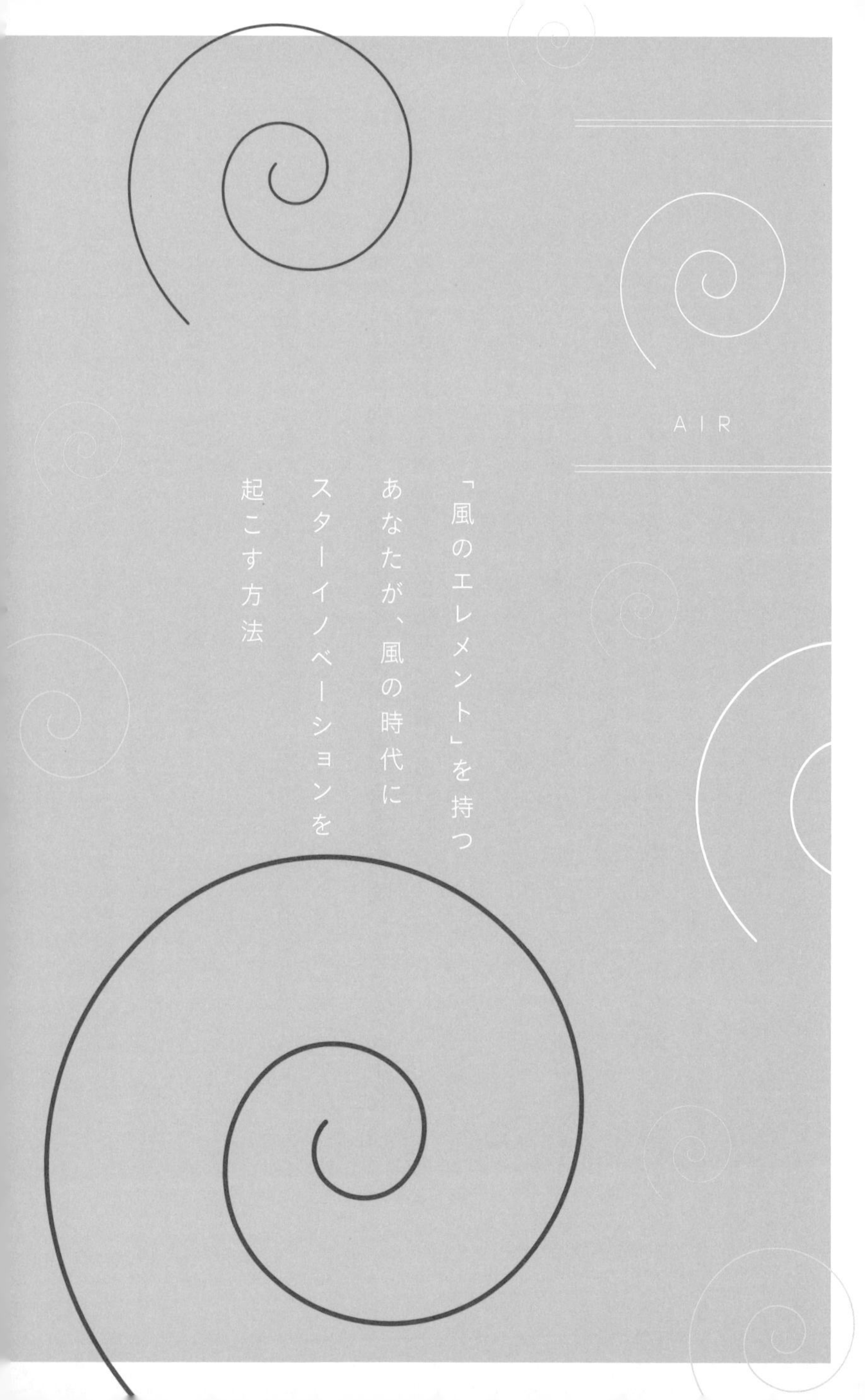

AIR

「風のエレメント」を持つ
あなたが、風の時代に
スターイノベーションを
起こす方法

風のエレメントを持つ
あなたのテーマは、
世界に喜びを
伝達する運河
です。

風のエレメント（双子座・天秤座・水瓶座）に属する人は、情報・流通を司るエネルギーの持ち主。

多面性を理解し俯瞰した視点で物事を評価することができるのは、風のエレメントの人の大きな特徴です。

個人的な見解を離れ、理想の状態を読み解く力に優れます。

空気が移動して風となり、様々なものを広範囲に運ぶように、風のエレメントの人も強い拡散力を持っています。

そんな風のエレメントの人の社会での役割は、物事を知的に理解してそれを横に伝達していくこと。

2020年末から、時代自体が「拡散」の力を持つ風の時代に入りました。元々の風のエレメントの人の性質に加え、時代の風によりこれからはより一層拡散力が強まるでしょう。

そこで風のエレメントの人には「優しさ」という意味の水をさらに深くまで理解し、「想像力」という意味も加えて水を取り入れてほしいと考えます。

想像力とは、つまり「相手のことを考えてみる」ということです。

元々情報を伝えていく役割を持っている風のエレメントの人ですから、時代の風に煽られて、無意識にではありますが、多くの情報を必要以上に撒き散らしてしまう恐れがあります。

その中で、受け取る側を想像してみること。そうすることで風のエレメントの人たちがするべきは、情報を集めながらそれをむやみやたらに拡散するのではなく、必要な人に必要なものを届けることだと気がつくでしょう。

出会う事柄・人と関係性を作りながら、世の中の謎を解き明かし、そこで得た知識を必要な人に届ける。

風のエレメントの人によってもたらされた知識は、それを必要とする人の元に届けられて初めて人々に「知ること」の喜びを与えることができます。

そんな喜びを伝える運河こそ、あなたが持つ風のエレメントの強みを活かす川なのです。

風のエレメントを持つあなたの【人間関係】

あなたにとっての人間関係は【乗客】

運河を使って移動していく人たち。

いつも利用する人もいれば、初めての人もいます。

一度きりの出会いとなる人もいれば、常連の人もいるでしょう。

風のエレメントの人にとって乗客は人間関係そのものです。

長く付き合う人、その場限りの人、いろいろな関係性の人がいます。

これからは関係がその場限りとなってしまったからといって、がっかりする必要はありません。〝長く付き合うことが良いこと〟、そんな画一化された価値観も風の時代とともに薄れていくでしょう。

そして、その場限りだったかもしれない相手だって、スターイノベーションによってあなたが作り出した川を介して、見えないところで繋がっています。もう会うことはないかもしれませんし、また何かのタイミングで再会することだってあるかもしれません。

ですから、相手との関係性にこだわらず、たくさんの人と安心して軽やかにコミュニケーションを取りましょう。

風のエレメントの人は、人間関係を限定する必要はありません。

「この川はこの範囲の人しか利用できません」と言うなんて、対等や平等の精神を一番に持つ風のエレメントには似合わないからです。

限られた人やコミュニティにこだわらず、次々といろいろな人と交流していきましょう。

そこで得られた情報・知識こそあなたの川を成長させる大切な要素であり、人々に喜びを伝える糧となるのですから。


風のエレメントを持つあなたの【恋愛・結婚】

あなたにとっての恋愛・結婚は【停泊所】

あちこち忙しく人が行き来する運河。

そんな中、あなたにとっての恋愛・結婚はまるで停泊所のように、ここに戻れば安心して落ち着けるという安らぎの場所です。

だからといって船はずっと停泊所にあるわけではありません。

そこが風のエレメントの人にとっての恋愛・結婚が停泊所である所以です。

常にずっといる場所ではない、ということがポイントです。

ずっと一緒にべったり……そんな関係が苦手な風のエレメントの人たちにとって、恋愛・結婚はずっとそこに留まっている場所ではなく、必要とする時に頼ることのできる心強い存在です。

しかしながら、風のエレメントの人がずっと停泊所にいることは不可能です。

風が1つのところに留まれば、竜巻のように周りを巻き込んで被害をもたらしてしまうように、恋愛・結婚だけをあなたの居場所とするのは少々危険だからです。

そのため、もしもあなたが恋愛・結婚に対して少し距離を置いてしまう自分を責めているようなことがあれば、その必要はありません。その代わり、パートナーと一緒にいる時は、感謝の気持ちを忘れずに接するようにしましょう。

さらに、あなたは停泊所でひと休みしている時には、誰かの評価に関係なく自分が興味を持てることだけを安心して楽しみたいと思うのではないでしょうか。

そんなあなたのことも尊重してくれるパートナーであれば、あなたはよりリラックスして過ごせるでしょう。

世間で話題になっている映画よりも、マニアックな映画が観たいと思う時には、その提案を素直に受け入れて、かつ面白がってくれる相手だとあなたはどんどん自分らしくいられるようになります。

いつもは、周りを気にしながら全方向に配慮し生きている風のエレメントの人。全体は今どんな感じかに神経を使い、常に頭の片隅でもう1人の自分がずっと自分を見つめています。

しかし、せめて停泊所で休んでいる時ぐらいは、客観性を横に置き、「相手がどう思うかな?」はひとまずお休みして、感じるままの自然体のあなたでパートナーに接してみましょう。

自然にしていても相手のことを常に気遣ってしまう風のエレメントの人だからこそ、少し自分目線で過ごすことで自然体になることができますよ。

風のエレメントを持つあなたの【仕事】

あなたにとっての仕事は【船】

あなたの川は、世界中に張り巡らされた運河ですが、川があっても船がなければ人や荷物を運ぶことはできません。

風のエレメントの人にとっての仕事は、自分の才能を実際に人の役に立つ形にするために必要なものであり、運河にとっては船に当たります。

客観性と論理性を併せ持ち、起こった出来事と物事を関わらせて結びつけることが得意です。

主観に囚われない公平さ、自分の視点だけで世の中を見ていては思いつかないような発想力などが風のエレメントの強みとなります。

そんなあなたの高度な頭脳も、実際に使うことができなければ宝の持ち腐れになってしまいます。

だからこそ、社会の中で物事を形にする役割を担う人に向けて、あなたのアイデアや発想を届ける必要があるのです。

もちろん、川があればそれらをただ流すことはできますが、キャッチしてもらえるかどうかや、きちんと形にしてもらえるかどうかは、受け取った人次第となるでしょう。

そこでこの本を手に取ってくださったあなたには、船である仕事を使うことによって、しっかりとあなたの知識や情報、アイデアを人に届けることをしてほしいのです。

考えているだけでは現実世界に変化は訪れません。実際の仕事に就き、他者や世界のために知性を働かせることがとても重要です。

自分なりに考え、理解したことを「教える」、「伝える」、「広める」、「他のものと繫げる」という仕事はあなた自身の喜びにも繋がる業務と言えるでしょう。

知性を働かせ、あなたの気づきを臆せず発言したり、企画にまとめて発表したりするなどして広めていきましょう。

誰かと誰かの能力を繋ぎコラボレーションのきっかけづくりをしたり、あなたが学んできたことを分かりやすく教える人になったり、誰かの素晴らしい知恵を世界のために拡散していくことにもやりがいを見いだせるはずです。

自由に動きながら、世界中に喜びを伝えていってくださいね。

風のエレメントを持つあなたの【お金】

あなたにとってのお金は【運賃】

人を運び得られるものが運賃です。

ものすごくシンプルですね。

しかし人をどこかに運ぶ時、その人がどこに行きたいのか、どのルートを希望しているのか分からなければ、その人の希望を叶え、正確に運ぶことはできません。

これは実はなかなか難しいことです。そんな時、スターイノベーションで水の力を活用すれば、相手の気持ちや望みをキャッチしやすくなるでしょう。


風のエレメントの人が生まれ持った自分の才能を活かし、得た知識や情報を人に伝達する時にも同じことが言えます。

情報が嵐のように吹き荒れている風の時代において、これからは相手が求めているものをキャッチして、本当に必要なものを渡せた時に「喜び」を届けられたということになります。

そして、お金が得られるのはその喜びを届けられた時です。


自分の持つ知識や技術をいかにして人に伝えられるか、またそれによってどれだけの人の役に立ち、喜びを届けられたか。

それがダイレクトにお金に反映されていきます。

沢山の知識や技術を持っていても、頭の中で理論を完璧に組み立てられても、どれだけ素晴らしい発見をしても、届けられなければ意味がありません。

そして、相手が欲しいものであるか、本当に必要なものか、その部分を想像しながら見極め、丁寧に届ける。

風の時代における風のエレメントの人がお金を得るために必要なポイントになってきます。

WATER

「水のエレメント」を持つ
あなたが、風の時代に
スターイノベーションを
起こす方法

水のエレメントを持つ
あなたのテーマは、
全てを叶える
聖なる川です。

水のエレメントを持つあなたの特徴

水のエレメント（蟹座・蠍座・魚座）に属するのは、心の中の働き・感情・愛情を大切にする人たちです。

液体は同じ器の中に入れれば混ざり合っていくように、相手と同じものになろうとする性質、相手に対する強い共感性を持っています。

それゆえ、目に見える物事だけでなく目に見えないことを感じ取り、もっと奥深いところにある人類共通の意識にアクセスする能力も秘めています。

水が最も低く深いところを目指して浸透していくように、表面の目立つところだけに惑わされることなく、あなた自身の意識も無自覚でありながら自然と人の深いところに潜っていきます。

そんな特殊能力を秘めた水のエレメントの人ですので、風の時代を生き抜く際に加える水の要素には「優しさ」にプラスし、「一体感」という意味を重視してみてほしいと思います。

水のエレメントの人の風の時代における社会での役割は、**時代の風に煽られがちになる人たちに寄り添い、言語化できない感情を持つ人の代弁者となり、世の中は安全であたたかい場所だと伝えていくことです。**

風の時代に取り入れるべき「水の時代」の感覚をキャッチしやすい水のエレメントの人たち。

だからこそ、乾いていると思われがちな風の時代に、優しさ・あたたかさ・安心感・信頼・一体感を含んだ柔らかい風を無理なく吹かせることができるでしょう。

これからの風の時代に大切なものを、自然体で周囲に示す使命を担っているのが水のエレメントの人たちなのです。

あなたにとっての人間関係は【川を信仰している人】

水のエレメントを持つ人が人間関係について考える時、大切にしなくてはいけないポイントがあります。

それは、あなたは誰かのために存在するのではなく、あなた自身のために存在するということです。

こんなことを書くと、風の時代に水を混ぜることがスターイノベーションであり、世界との一体感を大切にすることが風の時代を生き抜くコツであるとお伝えしたことと矛盾しているように聞こえるかもしれません。

しかしながら、あなたは元々、世界が１つであることやみんなが深いところで繋がっていることをなんとなく無意識に悟っているはずです。

だからこそ、あなたの周りに自然と集まる人、あなたの川を信じて信仰の対象としている人たちに対して、あなたはあなた自身の全てを受け渡さないよう注意しながら関係性を築いていく必要があります。

水のエレメントの人の共感力と受容性の高さは、他者の感情の揺れ動きを深い部分でキャッチし、受け入れます。

そんな性質が、あなたが周りの人たちに信頼を寄せられる理由の１つであり、周りの人たちの信頼によってあなた自身もパワーをもらえるでしょう。

あなたの川を大切なものとして心の支えにしている人たちの内面を知る過程で、自分自身の気持ちや内面にあるものをキャッチしたり、時に拒否しようとしたりしても関わる人との関係により、自然と大きな変化を遂げていくことも多々あります。

そんな水のエレメントの人たちにとって人間関係においてのキーパーソンとなるのは、ただそこに存在すること自体に意味があると教えてくれる人の存在です。あなたをますます純粋で素直にしていきます。

あなたにとって人間関係はあなたの川を浄化するものであり、純粋で素直なあなたも他者を浄化していきます。

純粋な心を持つ水のエレメントの人は、時に人間関係で痛手を負うこともあるかもしれません。

しかし、水の力を十分に持つあなただからこそ、世の中を信じることを諦めずに、他者とのあたたかい関係を築いていってください。

水のエレメントを持つあなたの【恋愛・結婚】

あなたにとっての恋愛・結婚は【川のほとりに住む人たち】

川を実際の生活で役立てている人がいます。
それは川のほとりに住む人たちです。
飲み水として川の水を汲みに来たり、洗濯をしたり、時には沐浴したり……、
それがあなたにとっての恋愛・結婚です。

信仰よりももっと近い距離で実際に触れ合うことで、あなた自身が実際にここにいる、生身の人間なのだと実感することができます。つまり、あなたにとっての恋愛・結婚は地に足を着けさせてくれる役割をするということです。

水のエレメントの人は、意識が内面や精神世界に行きがち。そこで、あなたを〝現実的に〝必要としているパートナーの存在があることで、あなたは自分が実際に役に立てる存在であるとその都度、確認することができるのです。

例えば、パートナーがふと口にした「願い事や依頼」。

それを叶えようとした時に、あなたは現実社会の中に出ていくことになり、具体的な方法で物事を解決していく手立てを学びます。

それにより、あなた自身ができることが増え、それまでできなかったことが、いつの間にかできるようになっていたり、ひょっとしたら得意なことにまでなっていたりなんてこともあるかもしれません。

自分だけでは思いもよらなかった自分の違う側面を発見することもあるでしょう。

川のほとりに住む人の現実的な願いを受け入れることであなたの川はより広く力強くなり、ますます多くのものを受け止め、多くの人の願いを叶える力を得られるでしょう。

水のエレメントを持つあなたの【仕事】

あなたにとっての仕事は【存在しそこにあること】

あなたの川の役割はただそこに存在し、全ての物事を受け入れることです。清濁併せ呑む、高い受容性を発揮できた時にあなたの川はその真価を発揮します。

例えば……誰かが挫折を味わっていたとして、その時「存在しそこにいてあげること」。または、後悔したり心細くなったりしている人に寄り添って共感してあげることです。

相手に対してのアドバイスはいりません。肯定も否定もせずにただ寄り添ってあげれば良いのです。

そうしている間に、だんだんとあなたの「水」―**優しさや一体感・世界は受け入れ**

てくれるよ、大丈夫だよという感覚──が相手に伝わって、相手がゆっくりと回復していくことを目の当たりにするでしょう。

何か悩んでいる人に対して何も言わずただ寄り添いそばにいるというのは、実はとても難しいことなのです。

それができるのが水のエレメントの人の強みです。

水のエレメントを持つ人の適職の1つとして「カウンセラー」がよく挙げられます。それも相手に対してそっと寄り添う、様々な意見をジャッジせずにそのまま認められる、そんな特殊能力を活かせるからだと言えるでしょう。

「精神面から社会を支える」というあなたの要素が、社会からの需要に噛み合う仕事が水のエレメントを持つ人の仕事だということです。もっと言えば、どの職業においても、あなたが誰かに必要とされ、困ったことが起きた時に「あ、あの人に聞いてもらおうかな」と思われる存在になること、それ自体があなたの役割なのです。

笑顔で他者を元気にする接客業、具体的な提案をする営業職、特定の技術を身につける専門職、さらに業界も問いません。ただ、誰かの心の支えになっている、精神面から社会を支える、それが風の時代においても変わらない水のエレメントの川の役割です。

水のエレメントを持つあなたの【お金】

あなたにとってのお金は【流れていく無数の泡】

水のエレメントの人は、お金自体をさほど重要なものと捉えていない面があります。それは水の中に浮かんでは消える泡のようなもので、泡を泡のまま留めておくことなどできないと、水のエレメントの人は芯の部分で知っているからです。

お金とは水に浮かぶ泡と同じで絶えず流れて循環していくもの。それならば自分のところには必要な分入ってくればいい、そんなふうに達観しているところが水のエレメントの人には多かれ少なかれあるのです。

地の時代から風の時代に移り、お金を自分の元に留めておくことの価値が薄れていく中、これからはもっと自由にお金が動いていきます。

これまで地の時代の「お金は貯めるもの」が基本の世の中において、水のエレメントの人は少し居心地が悪い思いをしていたかもしれません。

ですが、これからは貯蓄よりも投資していく感覚が強まり、元より貯蓄にあまり興味が持てなかったであろう水のエレメントの人の感覚に社会全体がより近づいてくるでしょう。

水のエレメントの人たちは、ここにもう一歩先の水の時代の「一体感」や「愛」を乗せていくことで、安心してお金を循環させる感覚を世の中に示す役割をぜひ担ってください。

具体的に言えば、寄付などもそうです。

スターイノベーション的生き方は、風の時代に水の要素を混ぜることでした。

ごく簡単に表現するのであれば、優しさ・思いやりの風を社会に起こしていくこと。

世の中を信頼することもそうです。そして、それをお金で表現するとなれば、「寄付」が最も分かりやすい形となるでしょう。

あなたが寄付することによって社会に放ったお金は、目の前にはいないけれど見えない部分で繋がっている誰かが助かったり、幸せになったりする。

そこから幸せは連鎖して他の人に繋がり、やがて自分に返ってきます。

寄付は商品を購入するのとは違い、その場で何かが手に入るものではありません。しかしながら、寄付ほど循環を感じられる行為はないのです。

目に見えない形、物質以外の、例えばチャンスやラッキーな出来事、キーパーソンとの出会いとして形を変えて戻ってきます。


また、水のエレメントの人で、お金を循環させるという考え方が苦手な場合には、「貢献の循環」と考えると良いでしょう。世の中には「社会に貢献したい」、「良いことをしたい」と心の奥では思っている人が大勢います。

その人たちの深層心理の欲求を上手に汲み取り共感を集め、大きな貢献の渦を生み出していく、それが結果的に水のエレメントの人のお金の循環に繋がっていきますよ。

おわりに　「水を含んだ風は世界を優しく包む」

今、この「おわりに」の原稿を書いている私は、とてもほっとしています。

風の時代には水の時代のエッセンスを取り入れることが大事。

そう分かってからずっと、この事実を早く伝えなくてはならないという気持ちでいっぱいだったからです。


そして、伝えたいことは全て本文に綴ることができました。

ここまで読み進めていただき、ありがとうございます。


原稿を書いている間、私はずっと不思議な気持ちでした。

今から800年以上も昔の鎌倉時代の武士に想いを馳せたり、200年も先に巡ってくる水の時代のことをいろいろと想像したりしていたからです。

頭の中で時代を行ったり来たりしながら、壮大な時間の流れと神秘を感じていました。

地の時代は、〝個〟は権力やお金を「持っている人」に所有される世界。

風の時代は、ネットワークを組む世界。しかしまだ〝個〟を保っています。

そして、200年後にやってくる水の時代は、風の時代の〝個〟さえも取り払われて、全体の一部として「自分」があるという融合された世界です。

〝個〟が取り払われた世界が具体的にどうなっているのか、2021年を生きる私には想像もできません。

ただ、人間がこのまま生き延びて200年後に水の時代を迎えたとしても、その時〝肉体〟が融合されること（！）はまず考えにくく、融合・統合されるのは精神であるかと思います。

さらに分かることは……、

他人が辛かったら、自分も辛い。
自分が辛かったら、他人も辛い。

そういう世界であるということだけです。

水の時代では、「自分だけ良ければ良い」という感覚は完全になくなり、自分以外の人が苦しんでいることを知ったら自分も胸を痛めるということです。

そういう感覚で社会が成り立っていくのでしょう。

そう考えると、なんだか素敵な世界のように思えます。

自分は世界の一部であり、みんなが繋がっている。

それは、現代で「スピリチュアル」とか「ワンネス」とか、「愛」とか「博愛」と呼ばれるものに近い感覚と言えます。

風の時代を生きる私たちができることは、〝個〟をきちんと生き抜きながらも、言葉にすると急にありきたりだと感じてしまいがちな「この感覚」を大切にすることだけです。

「あの人が辛いなら辛い。それを見て見ぬふりをしない」
「自分の才能を安心して差し出し、委ねる」

この本で何度もお伝えしてきたように、風の時代だからと言って水の力を含んでいないわけではありません。少しずつ少しずつ水の時代の扉は開かれつつあるのです。そんなことから、水の時代のキーとなる「世界への信頼」は、この時代に欠かせません。

目に見えないものに一体感を感じること。
そこから信頼と安心感が生まれてきます。

あらゆるものとの一体感。

こういった感覚を持つ人がもっと増え、世の中の全てが繋がっているとみんなが知ることで、「今だけ良ければ」とか「自分だけ良ければ」みたいなことは自然と減っていくでしょう。

それが世界の平和に繋がっていくと、私は本気で思っているのです。

自分は全体の一部だということを無視して、目の前の利益や自分のために他者を犠牲にすれば、結果的に自分も犠牲になります。

逆に、自分のことを蔑ろにしていれば、周りの人が傷つくことになります。

これから先、世の中で起きる不平等・不公平に対して「何かがおかしい」とキャッチする直感を無視しないでほしいのです。

自分の気持ちの動きをしっかりと見つめて「今起きていることが、自分自身の身に起こっていたら？」と自分自身に問うてみてほしいのです。

それが水の時代を見据えて真の風の時代を生きる方法です。

最後になりましたが、今回の出版にあたりお力添えをいただきましたサンマーク出版の皆さま、執筆を支えてくださったアンドユーの皆さま、多大なるご協力をいただき誠にありがとうございました。

そして、この本を手に取ってくださった皆さま。

本当に本当にありがとうございます！

水を含んだ風の時代は、世の中は、想像よりずっとあたたかい世界です。

あなたも私も、きっと大丈夫です。

2021年蠍座の満月が美しい夜に

やなかえつこ

［著者］

やなかえつこ

運命の流れを整える「星読み師」。十数年の専業主婦時代から独学・講座受講などを経て、星読み師としての活動を開始。3人の育児中という限られた時間ながら、活動開始後すぐに年間200人以上の鑑定を実施。現在は個人事業主として四柱推命・西洋占星術の鑑定や講師の活動を行っている。

東洋と西洋の占術をバランスよく使用する占い鑑定スタイルが人気を博している。また東洋・西洋両方の視点で物事を観察することが功を奏し、今回のテーマとなった風の時代を突き抜ける方法「STAR INNOVATION」を発見するに至った。

占星術を学ぶことで自身の人生が大きく変わった経験から、2018年より鑑定師の育成にも力を入れており、現在多くの受講生が鑑定師として活躍中。

デザイン	三森健太（JUNGLE）
イラスト	丸山正仁（SUGAR）
広告企画・実行	&U
校　正	ペーパーハウス
DTP	朝日メディアインターナショナル
編　集	岸田健児（サンマーク出版）

2021年7月20日　初版発行
2021年8月20日　第3刷発行

著　者	やなかえつこ
発行人	植木宣隆
発行所	株式会社サンマーク出版 〒169-0075 東京都新宿区高田馬場2-16-11 （電話）03-5272-3166
印　刷	株式会社暁印刷
製　本	株式会社若林製本工場

ISBN978-4-7631-3924-5　C0076

ホームページ　https://www.sunmark.co.jp/